U0570802

话说中国

落日余晖（上）

1644年至1840年的中国故事

孟彭兴 著

上海故事会文化传媒有限公司

上海锦绣文章出版社

总顾问：李学勤
总策划：何承伟

本卷顾问：成崇德

主编：　刘修明
副主编：陈祖怀

正文作者（按卷次先后排列）

《创世在东方》　　　　杨善群　郑嘉融
《诗经里的世界》　　　杨善群　郑嘉融
《春秋巨人》　　　　　陈祖怀
《列国争雄》　　　　　陈祖怀
《大风一曲振河山》　　程念祺
《漫漫中兴路》　　　　江建忠
《群英荟萃》　　　　　顾承甫　刘精诚
《空前的融合》　　　　刘精诚
《大唐气象》　　　　　刘善龄　郭　建
　　　　　　　　　　　郝陵生
《变幻中的乾坤》　　　金尔文　郭　建
《文采与悲怆的交响》　程　郁　张和声
《金戈铁马》　　　　　程　郁　张和声
《集权与裂变》　　　　胡　敏　马学强
《落日余晖》　　　　　孟彭兴
《枪炮轰鸣下的尊严》　汤仁泽

辅文作者（按姓氏笔画排列）

马学强　王　俊　王廷洽　王保平　王景荃
田　凯　田松青　朱理中　仲　伟　江建忠
刘善龄　刘精诚　汤仁泽　杨善群　杨　婷
李　欣　李国城　张　凡　张和声　张振华
陈先行　陈祖怀　苗　田　金尔文　周雪梅
郑嘉融　宗亦耘　孟彭兴　赵冬梅　秦　静
栗中斌　顾承甫　殷　伟　郭立暄　盛巽昌
崔　陟　崔海莉　程　郁　程念祺

图片提供

文物出版社、河南博物院、巩义博物馆、
徐州博物馆、徐州汉兵马俑博物馆等单位
及（按姓氏笔画排列）王保平　山口直树
田　凯　田松青　朱　林　朱诚如　仲　伟
孙继林　杨清江　李国城　何继英　陈先行
欧阳爱国　赵　勇　殷　伟　徐吉军　郭立暄
郭灿江　崔　陟　阎俊杰　翟　阳　薄松年等
本页长城照片由郑伯庆拍摄

梦想与追求

何承伟

为 最 广 大 读 者 编 一 部 具 有 现 代 意 识 的 历 史 百 科 全 书

出 版 说 明

> 中国是一个拥有五千年灿烂文明史、又充满着生机与活力的泱泱大国。中华民族早就屹立于世界的东方，前赴后继，绵延百代。

> 作为中国人，最为祖国灿烂的过去与崛起的今天感到骄傲。

> 作为中国的出版人，应义不容辞地以宏大的气魄为广大热爱中国历史的读者，承担起传播这一先进文化的责任：努力使中国历史文化出版物，与中国这样一个拥有五千年文明史的过去相适应，与当代中国日新月异的发展现实相适应，与世界渴望了解中国的需求相适应。

> 人民创造了历史，历史又将通过我们的出版物回赠给人民，使中华民族数千年积累起来的灿烂文化成为当今中国人取之不尽的思想宝库，让更多的读者感悟我巍巍中华五千年光辉历史进程和整个中华民族灿烂的文明成果。

> 为此，我们作了大胆的探索：以出版形态的创新为抓手，大力提高这套中国历史读物的现代意识的含量，使图书能够真正地"传真"历史；以读者需求为本位，关注现代人求知方式与阅读趣味的变化，把高品位的编辑方针和大众传播的形式有机结合起来，独辟蹊径，创造一种介于高端读物与普及读物的独特的图书形态，努力使先进的文化为最广大的读者所接受。

> 经过多年的努力，这套融故事体的文本阅读、精彩细腻的图片鉴赏、便捷实用的检索功能于一体的中国历史百科全书——《话说中国》终于陆续与读者见面。这套书计15卷，卷名分别为：《创世在东方》、《诗经里的世界》、《春秋巨人》、《列国争雄》、《大风一曲振河山》、《漫漫中兴路》、《群英荟萃》、《空前的融合》、《大唐气象》、《变幻中的乾坤》、《文采与悲怆的交响》、《金戈铁马》、《集权与裂变》、《落日余晖》和《枪炮轰鸣下的尊严》。

> 在《话说中国》这部书里，你将看到以故事体文本为主体的感性与理性的统一。

> 现代人对历史的感悟，最能产生共鸣、最能感到激动的文学样式是什么，是故事。是蕴涵在故事里的或欣喜或悲切或高亢或低回的场面。这些经典场面令人感慨唏嘘，荡气回肠。记住了一个故事，也就记住了一段历史。故事是一个民族深沉的集体记忆，容易走进读者的心灵世界，它使读者在随着故事里主人公的命运起伏跌宕之时，不知不觉地与中国历史文化进行了"亲密接触"，从而让历史文化的精华因子，潜移默化地影响着我们的行为，净化着我们的心灵。因此，《话说中国》以故事体的文本作为书的主体。同时，它还突破了传统历史读物注重叙述王朝兴衰的框架，以世界眼光、一流专家学者的史识来探寻中国历史的发展脉络与规律；以密集的信息，弥补故事叙述中知识点不足的局限，从而使故事的感性冲击力与历史知识的理性总结达成高度的统一。它让读者既见树木，又见森林；既享受了故事所带来的审美快感，同时又能寻绎历史的大智慧。

> 在《话说中国》这部书里，你将看到互为表里的图与文的精彩组合。

> 当今社会已进入"读图时代"，这一说法尽管片面，但也反映了读者的需求。在这套书里的图片与通常以鉴赏为主的图片有很大不同：

> 图片内容涵盖面广。这些图片能够深入再现历史现实，立体凸现每一不同历史时期社会生活各方面的发展变化。透过生动的"图片里面的故事"，可以体味其中蕴涵着的

深刻内容，堪称是历史文化的全息图像。它们与故事体文本相关联，或是文本内容的画面直观反映和延伸，或是文本内容的背景补充，图与文珠联璧合，相得益彰。同时，纵观整套书的图片又分别构成了一个个独立的专门图史，如服饰图史、医药图史、书籍图史、风俗图史、军事图史、体育图史、科技图史等等。

> 图片的表现形式极其丰富。这套书充分顾及现代读者的读图口味，借助现代化手段尽量以多种面貌出现，汇集了文物照片、历史遗址复原图、历史地图与示意图、透视图以及科学考古发掘现场照片在内的三千余幅图片。既有精炼简洁的故事，又有多元化的图像，读者得到的是图与文赋予的双重收获。

> 创造了一种新的读图方式。书中的图片形象丰富，一目了然，具有"直指人心"的震撼力，但在阅读过程中，尤其是在欣赏历史文化的图片中，这种震撼力很难使读者感悟到。原来他们是凭自己的文化底蕴和生活积累在品味和理解书中的图片。两者一旦产生矛盾，就不可能碰撞出火花。本书作为面向大众的出版物创造了一种全新的阅读环境：改造我们传统的图片的文字说明，揭示图片背后的信息，让读者在读完这些文字后，会产生一个飞跃，对第一眼所看到的图片有一种新的发现和新的认识。

> 在《话说中国》这部书里，你将看到一个充满数字化魅力的历史百科知识体系。

> 数字化给我们的社会生活带来了许多崭新的变化，作为文化产品的创新也不例外。为此，我们在这套信息密集型的中国历史百科全书里，大量运用了在电脑网络上广泛使用的关键词检索方式，以关键词揭示故事内核，由此来检索和使用我们的故事体文本与相关知识性信息。这套书的信息化、网络化、数字化，充分表现了中华民族不但有自强不息的过去时，前进中的现在时，而且还有充满希望的将来时。

> 一则故事，一幅图片，一个关键词，都是某个有代表性的"点"，然而这个点不是孤立的存在，而是一个有意义的叙事单位。它是中华民族的文明亮点，折射了我们民族的文化性格。把这些亮点连接起来，就会构成一条历史之"线"，而"线"与"线"之间的经纬交织，也就绘成了历史神圣的殿堂。点、线、面三维一体，共同建构着上下五千年的民族大厦。

> 著名科学史家贝尔纳曾说："中国在许多世纪以来，一直是人类文明和科学的巨大中心之一。"我们知道，印刷是中国引以为骄傲的四大发明之一，中国出版在世界出版史中，曾留下许多脍炙人口的灿烂篇章。然而近代中国出版落后了，以至于到今天与发达国家相比，无论是在出版技艺上，还是在出版理念上，都存在着不小的差距。我们在本书的出版过程中善于学习、消化与借鉴，"洋为中用"，充分发挥"后发优势"，努力把世界同行在几十年中创造的经验，学习、运用到这套书的编辑过程中，以弥补两者之间的差距。事实证明，只要我们努力了，只要我们心中有了读者，我们一样可以后来者居上。

> 中国编辑中的一位长者曾说过这样一段话："我们没有显赫的地位，却有穿越时空的翰墨芬芳；我们没有殷实的财富，却有寄托心灵的文化殿堂。"

> 在编辑这套书的过程中，我们深深感到，中国历史文化太伟大了，无论你怎样赞美，都不为过；中国历史文化又太神奇了，无论你以何种方式播种，都会有意想不到的收获。今天，我们所撷取的，只不过是其中的一朵小花，还有更多更美的天地需要人们进一步去开拓。

现代人与历史

上海社会科学院研究员　刘修明

> 历史与现代人有什么关系？历史对现代人有什么用？这并非每一个现代人都能正确回答的问题。

> 过去的早就过去了。以往的一切早已灰飞云散，至多只留下遗迹和记载。时光不能倒流，要知道过去干什么？历史无用的混沌和蒙昧，不是个别现象。在科学技术高度发达的现代社会，人们更易对远离现实的历史轻视、淡漠。对历史无知而不以为然的人，不在少数。

> 不能简单地指责这种现象。一旦通过有效途径缩短了现代人和历史的距离，人们就会从生动形象的历史中取得理性的感悟，领悟历史的哲理，开发睿智，从而加深对现代社会文明的认识，使现代人的认识和实践达到一个新的层次。那时，人们就会有一个共识：历史和现代是承续的。历史是现代人生存和发展不可缺少的内容。历史和现代人是不可分的。

> 祖国的历史是一部生动的、博大精深的启迪心智的教科书。中国历史是独树一帜的东方文明史。承载中华文明的中国历史，在她形成发展的曲折而漫长的过程中，从未中断过（不像埃及、两河流域、印度文明或中断或转移或淹没）。她虽然历尽坎坷，备尝艰辛，却始终以昂首挺立的不屈姿态，耸立在亚洲的东方。即使从19世纪上半叶开始的对中华文明一个多世纪的强烈冲击和重重劫难，也没有使曾创造过辉煌的中华文明沉沦，反而更勃发了新的生机。中国的历史学家从孔子、左丘明、司马迁开始，持续不断地以一种不辜负民族的坚韧精神，把中华民族放在辉煌与挫折、统一与分裂、前进与倒退、战争与和平、正义与邪恶的对立统一的辩证过程中，将感悟到的一切，记录在史册上。以一笔有独特美感并凝结高超智慧的精神财富，绵延不绝地传承给一代又一代炎黄子孙，从而成就了中华民族及其创造的文明的延续和发展。中华文明的创造和中国历史的记载是不可分的。中国历史是兼容时空又超越时空的中华文明有形和无形的载体。

> 英国哲学家培根说过："历史使人明智。"历史的经验是前人付出巨大的代价（甚至生命的代价）才总结出来的。历史经验包蕴着发人深思的哲理。要深刻地了解现实，理智地面对将来，就应当自觉地追溯历史。现代人只有了解历史，才能感受历史启迪现

总　序

实的无穷魅力。唯有从历史的经验与哲理感知杂乱纷纭的现实，才能体会历史智慧的美感和简洁感。

这种由历史引发的智慧、魅力和美感，对丰富一个人的生命内涵，提升人的素质，是非常重要的。我们强调人的素质，但素质的基本内涵是什么，却未必很清楚。我认为，人文素质应该是人的素质的基本内涵。一个人的人文素质是由他所属的民族几千年文化创造的基因，积淀在他的血液和灵魂中形成的。以文史哲为主体的人文教育，对人的素质提高具有特别的价值。而中国历史往往又是文史哲三位一体的糅合和载体。只重视外语、电脑教育而忽视人文教育的偏向应引起重视并加以纠正。这种素质教育应当起步于一个人的青少年时代。对祖国的热爱，民族自信心的树立，正确的人生观、价值观的确立，都离不开对祖国历史的了解。只有这样的人，才能立志报效祖国和中华民族，并以他们的不断传承和新的创造，继续为人类文明的发展作出新的贡献。在共同文化血脉上发展起来的十三亿中国人和五千万在世界各地的华人，都应有这样的共识，都应承担这样的责任。

了解祖国的历史，可以从简明的历史教科书入手，也可以从浩瀚的史籍中深究。关键是引起读者的阅读兴趣。我们这里提供的是一本图文并茂用故事形式编写的中国历史。中国有一本几乎家喻户晓、发行量达几百万册的出版物：《故事会》。这是上海文艺出版总社的名牌刊物，在社会上有很大的影响。何承伟先生从几十年编辑的成功实践中，提出了这样一部以图文并茂的故事形式并包含巨大信息量的中国历史百科全书的设想。在众多学者的参与和合作下，成就了这样一部新体裁的中国通史《话说中国》。它生动形象、别开生面的编写方式，使包括老中青在内的现代中国人，都可以轻快地从这部书中进入中国历史宏伟的殿堂，从中启迪心智，增加知识，开拓眼界，追溯历史，面对未来。它把传统的教育和未来的展望，有机而和谐地结合在一起，引导当代中国人顺应悠久古老的中国文明融注世界发展的现代潮流，以期为世界的文明发展作出新的贡献。我们相信，凝聚了几十位学者和编者多年努力的这部书，一定会为这种贡献尽其绵薄之力，发挥其应有的作用。

目录

这是一个超越前人的、为后世引为骄傲的历史时期，康雍乾三朝为主体的前清文明，创造了空前绝后的文化财富和历史遗产。然而传统的束缚，使它摆脱不了历朝历代的封建传承，在世界大潮面前落后了。

专家导言

国家清史编纂委员会副主任
中国人民大学清史研究所所长　成崇德

> 在中国五千年文明的历史长河中，清朝是最后一个封建社会。清朝创建的康乾盛世，是清代历史最辉煌的时期，也是中国古代最后一个盛世。这个最后的盛世已处于世界大势发生了空前巨变的大背景下，因此，具有比以往盛世更丰富的历史内涵。

> 1583年，努尔哈赤以"遗甲十三副"起兵，统一女真各部；创立八旗制度和满文文字，建立金国，使古老的女真族脱颖而出，形成了一个新的民族共同体——满族。满族所建立的清朝发展农业生产，征服周边政权，促使原有的社会制度和政权迅速封建化，为清朝入关奠定了基础。1644年，清军入关，开始了对全国的统治。清代前期，中国传统的封建专制体制更加强化、更加完备。内阁、议政王大臣会议制度，御门听政、秘密立储、密折制度和军机处的设立，使皇权无限扩张，达到登峰造极的地步。

> 康雍乾时期，是中国历史上罕见的"太平盛世"，清朝实现了稳定的国家大一统局面，对边疆地区真正实现了长期的、稳定的、有效的政治管辖和军事控制，边疆地区成为中国领土不可分割的一部分，内地的汉族与边疆地区的少数民族以经济文化纽带联系在一起，成为唇齿相依血肉相连的一个整体。清朝奠定了今天中国的版图，这个成就来之不易，堪称超越千古。——这一切都是以往任何朝代都无法望其项背的。

> 至乾隆朝，中国人口首次突破三亿，速度之快，是前所未有的，中国今天人口的基数以及在整个世界人口格局中所占的地位是康乾时代最后奠定的。当时，国家以十亿亩上下的耕地养活世界三成左右的人口，而能长期保持国家安定和社会稳定，这不能不说是康乾盛世又一个成就。

> 国家财政储备雄厚，盛世巅峰期户部银库所存白银常年在六七千万两上下。康雍乾时代国家财政储备的雄厚与以往各朝代相比是空前的，就有清一代二百六十八年而言，也堪称达到了顶峰。

> 康乾时代文化学术事业盛况空前。古人有云：用武开基，右文致治；礼乐之兴，俟以百年。而历代只有幸逢盛世，才有条件启动带有总结性、开创性的纂修群书。康乾盛世标志性的大型文化典籍至少可以举出历时百年修成的《明史》，踵接《永乐大典》之后、历康熙雍正两朝修成的类书《古今图书集成》，和乾隆年间纂修完成的中国古代第一大丛书《四库全书》这三大项。

> 清代汉学是继宋明理学之后产生的一个学术流派，也称之为乾嘉学派。清代汉学把清代学术推向了发展的高峰，并成为中国古代学术的总汇和总结。清代前中期的一百多年间，文学艺术有很大发展，中国古代曾经产生的各种文学体裁和艺术门类都继有所作，而尤以小说创作为中国古代文学发展的最高峰。在清代的各个文学领域中，成就最为辉煌的当推小说。蒲松龄的《聊斋志异》，吴敬梓的《儒林外史》，曹雪芹的《红楼梦》，都是一代文学史上的巨著。其中，尤以《红楼梦》的创作，达到了中国古典小说的巅峰。

> 康雍乾时代世界经济一体化的进程已经越来越加快了步伐，东亚最强大的国家——中国的制造业在整个世界经济中具有特殊重要的地位，绸缎、生丝、瓷器、茶叶等独步世界的商品不仅销往南洋、日本、中亚等传统国家地区，而且远销俄国和欧美。

> 康雍乾时代的中国，不仅在周边各国而且在整个世界都具有崇高的地位和美好的形象。清代前期，先后有数百名耶稣会及其他各会传教士来华。他们在传教的同时，也带来了西方较为先进的科学技术和文化知识。当时西方人主要是通过在华西洋传教士，以及来华商人、旅游者的观察、描述等渠道了解中国的，儒家经典经他们之手也开始翻译到了西方，而传递到那里的种种信息总是令人对这个文明悠久的东方神秘之国无限神往。他们对来自中国的精美绝伦的丝绸、瓷器、漆器、服装、家具，以至轿子、壁纸、折扇等爱不释手，佩服之至，也印证了从遥远的东方传来的种种传闻。这样就出现了欧洲，主要是法国的"18 世纪的中国热"。

> 康乾盛世存在的人口问题、物价上涨问题以及皇权的过度膨胀，到 18 世纪末明显地显现出来，对 19 世纪我们国家彻底败落有着深刻的影响。

> 19 世纪开始以后，中国国势的迅速衰落，不仅是以往历代王朝荣枯盛衰的重演，而且暴露出植根于农业社会的中国传统文化的内在缺陷。与此形成强烈对照的是，世界格局在英国工业革命、北美独立战争和法国大革命推动下正发生着的剧烈变动，欧美西方列强日新月异地迅猛发展。但乾隆的子孙嘉庆、道光帝哀叹盛世不再之余，仍凛然恪守"以祖宗之心为心，以祖宗之政为政"的"家法"，因循保守，不思变革，对日益迫近的西方列强的武装侵略麻木不仁。19 世纪前期 40 年的岁月也就这样蹉跎过去了，只待英国发动侵略中国的鸦片战争，把中华民族推向被列强宰割的苦难深渊。

《话说中国》作为融故事体的文本阅读、精彩细腻的图片鉴赏于一体的中国历史百科全书，其中包含着无数令人神往的中国历史的秀美景致，它们经纬交织，互为表里，形成了中华民族上下五千年的灿烂文明。

如同游览名山大川离不开导游和地图的指点，通过以下图例的导读提示，读者定能够尽兴饱览祖国历史美景，流连忘返。

随时感受历史文化的魅力与编纂创意的匠心

整个版面构成充分体现出本书以故事体文本为主体的特点，体现出本书作为历史百科全书的知识信息密集、图文并重的特点，使读者在本书任何一个页面上，都能感受到历史文化的魅力与编纂创意的匠心。

导读、段落标题与编号，
能更好地理解故事精髓，更好地运用故事

为了更好地理解故事，在实际学习生活中运用故事，本书在故事体文本中，特地为读者准备了故事导读、故事段落标题与故事编号等三个重要内容。故事导读是概述故事精要，它与故事段落标题，都是为了让读者更好地理解故事的精髓，同时让读者以一种轻松便捷的方式快速获得文本重要信息。

人物、典故和关键词具有很大信息量和实用性

在每一则故事中，都含有故事核心内容（即故事内核）、故事人物等基本要素。本书将此提炼出来，标注在每则故事的右上角（加上故事来源），使之具有很大的信息量和实用性。

建构多元、密集的知识性信息，
构成了全书另一个重要组成部分

以密集的信息，弥补故事叙述中知识点不足的局限，从而使故事的感性冲击力与历史知识的理性总结成高度的统一。它让读者既见树木，又见森林；既享受了故事所带来的审美快感，同时又能寻绎历史的大智慧。如"中国大事记""世界大事记""历史文化百科"和图片说明文字等专栏中的有关内容，都是经过精心选择的练达的知识板块，既是历史知识的精华，又是广泛体现"活"的历史，体现当时社会人生百态，体现当时寻常百姓的寻常生活。

再现历史现实的图片系统

图片内容涵盖面广泛，能够深入再现历史现实，观赏效果细腻独到，立体凸现了每一不同历史时期社会生活各方面的发展变化。透过生动的"图片里面的故事"，可以体味其中蕴涵着的深刻内容，堪称是历史文化的全息图像。

《话说中国》以精美绝伦的文字和图片，将中华民族最可宝贵的民族精神和生生不息的文化传统，演绎得生动而传神。看了这张导读图，你就开始一程赏心悦目的中国历史文化之旅吧。

● 故事标题。

● 故事编号：与"人物""典故""关键词"等相联系。

公元 1 1 1 6 年

实行请了医捐入地亩，《康熙字典》编成。

中国大事记

○四○

康熙朝非常注意吏治，奖励做好官，所以清官神判多，其中最突出的是于成龙。他是以八品知县一步一个台阶连升十三级，最后出任两江总督的。

天下第一廉吏于成龙

康熙帝说："做官像于成龙那样的，能有几人啊！"

忠于职守的地方官

于成龙是山西永宁人，顺治十八年（1661）选派广西罗城知县事，已是四十五岁了。

骑骡直奔贼窠

● 故事段落标题：揭示本段故事主题，具有阅读提示和增加阅读悬念的作用。

154

中国大事记：以每卷所在历史年代为起止，精选与故事相应相近年代的中国历史文化重大事件，以此体现中国历史发展的基本脉络。

故事导读：概述故事精要，更好地理解故事精髓。

世界大事记：以中国大事记为参照，摘选相应年代的世界各国历史文化重大事件，以此体现本书"世界性"的理念。

人物、典故、关键词、资料来源：将故事的人物、关键词提炼出来，标注于此（加上故事来源），使之具有很大的信息量和实用性。

图片：涵盖面广泛，能够深入再现历史现实。纵观整套书的图片，又分别构成了一个个独立的专门图史。

以直观的表格形式，便于读者对分散信息作系统的查考。

图片说明文字：深入揭示图片"背后"的历史文化内涵，读完这些文字，就会对图片有新的发现和新的认识。

历史文化百科：是精选的历史文化百科知识，分别涉及政治、经济、文化、科技等十余个知识领域。

1644年 〉 〉清〉 〉1840年

1644 年至 1840 年
中华版图的奠定和民族的团结与融合
清前期

上海社会科学院研究员　盛巽昌

大清国是中国三千年封建社会最后的一个统一王朝。〉中国是多民族国家，但真正够得上是天下一统的王朝，自秦始皇统一六国后，只有两汉、隋唐、元明和清。统一王朝，地大物博，都创造了令后世引为骄傲的史诗，也都有为后世留下丰富的文化遗产和政治遗产。而大清王朝是最后一个封建王朝。〉犹如积薪，后者居上。大清王朝确实有比前面任何一朝更辉煌夺目的成就，但也有比过去任何一代更为痛苦、更见遗憾的回忆。〉它是在前朝地基上创建的，但走过的社会发展阶段，即在不长的二百六十八年，历经了原始社会、奴隶社会、封建社会和半殖民地半封建社会，是史无前例的；而为奠定中华版图东讨西征、南定北伐，也是前无古人的。这是一个处在复杂时空中建立的特殊王朝，它接受、改造了前朝前代的经验和教训，可是由于它的传统劣根性，狂妄自大，固步自封，迟迟不懂也不愿走向世界，以致当世界进步了，它却被时代和时代精神远抛在后面，拉开距离，处处挨打。

中世纪清帝扫描　〉农民拥护好皇帝，地主也拥护好皇帝。当大小民众处在愚昧、缺乏主体意识和人格的时候，帝王的英明和威严是决定一切的，它是能影响时代进止的。好皇帝群威群胆，扬臂一呼群山应。一个王朝的成败利钝，通常与帝皇行为和品性大有关联。开国皇帝打天下坐天下制定国策很重要，但能否延续，关键还在于第二、三任皇帝，中国不少统一王朝如秦、隋和很多偏安王国，都是由于继任者不明事理、贪图享受而崩溃了的。但也有例外，其中颇突出的就是清王朝。〉清朝有十二个皇帝。清代皇帝大多数属于儒家所界定的好皇帝标准。他们大有作为，不囿于祖宗旧制常规，勇于开发，注意生产，勤政办事，还敢于严肃吏治，打击贪官污吏。在中国历史长河里，还没有一个王朝有如清（后金）自努尔哈赤到乾隆帝，所出现的好皇帝群体，持续长达一百八十年，即占全王朝三分之二的时间。他们都在自己的时空唱出英武的乐章，做出惊天动地的成绩，彪炳史册，留彰后世。〉乾隆帝以后，封建盛世走了下坡路，但嘉庆帝、道光帝也并非昏君、庸君、仍是努力于治国平天下，只是理念依旧，跟不上时代了。

创业艰巨统一女真
> 努尔哈赤是女真族建立后金（清）的开国皇帝。开国皇帝多是马上夺天下，铁马金戈，驰骋沙场。努尔哈赤以十三副铁甲起兵，艰苦创业。三十三年戎马生涯，努尔哈赤由一只小麻雀变成了展翅万里的鹍鹏。

创建有本民族特色的管理制度
> 努尔哈赤有很多独创的管理制度。最有特色的就是八旗制度。万历二十九年（1601），就开始组建八旗，至万历四十三年（1615），最后确定八旗制度。它是以地缘为主体，按层层血缘准血缘圈组成的军政合一、兵民合一的管理机构，具有行政管理、军事征伐和农牧运作的三元功能。每旗的固山厄真（旗主）、梅勒厄真（副旗主）和高级成员，都出自努尔哈赤家族。努尔哈赤的理论思维，就是将全国（后金）官民都编进八旗，共同分享权益，平均承担义务。这种由氏族联盟的残余基础上建构的家长制阶梯统治，它的一大特色就是蓄奴。

皇太极努力汉化
> 努尔哈赤死后，第八子皇太极继位。皇太极是大清国的奠基人。他文武兼备，勇力绝伦，能识满文和汉字。前者，他的兄弟子侄很多人具备，但后者却是罕有的。努尔哈赤生前没有指定接班人。皇太极是八和硕贝勒中投票公戴为皇帝的，他确是理想人选。
> 崇德元年（1636），皇太极改国号为大清。大清建国伊始，就相当注意调整、增强满汉关系。皇太极还将若干有才干的汉官范文程、高鸿中、宁完我、鲍承先、张存仁、马光运多人放在重要位置上，当孔有德、耿仲明和尚可喜先后浮海涉险主动来投，更给予高规格政治待遇，为后来者树立榜样；对汉人的相信，表现了皇太极的政治远见和容量。

征服朝鲜和漠南蒙古
> 皇太极的宗旨仍是伐明，进略中原。当时的大清国正介于明和朝鲜、漠南蒙古之间的三角地带。为了伐明，他采取了与明媾和战略，而先解决朝鲜和漠南蒙古各部。朝鲜经皇太极两次征伐，降服了。皇太极三次出兵征讨漠南蒙古最强横的察哈尔部。天聪八年（1634），皇太极最后以变武力征讨为招抚手段降服了察哈尔汗。明朝采取的"西房制东夷"战略宣告破产。崇德元年（1636），设立蒙古衙门，后改为理藩院；与六部平行。它是清代特设的除满、汉民族外的管理各民族机构。在降服朝鲜、漠南蒙古后，皇太极改变了原先主动与明廷议和的高姿态，听从多尔衮、济尔哈朗等建议，对明境实行残毁的方针，即每到一处杀戮掳掠一空，以削弱明朝国力。由是从天聪三年（1629）、天聪八年（1634）、崇德元年（1636）、崇德三年（1638）、崇德七年（1642），清（后金）军前后五次大规模地绕过山海关，

由长城各口入侵，有时围困北京，有时甚至到了德州，蹿入黄河以南。每次都掳掠了大批人口、牲畜和浮财。>皇太极运筹帷幄，亲自指挥了大渡河围困战和松山围困战，以至在他生前，明朝在山海关外只剩了中后所、中前所、前屯卫（均属绥中）和宁远（兴城）四个点了。

福临侥幸做皇帝 >皇太极死后，福临（顺治帝）继位。顺治前期的七年，当家的是多尔衮。>多尔衮是非常懂得"以汉治汉"要术的。所谓"以汉治汉"，就是用汉人的那套手段整治汉人。因此，一入北京就表示要沿袭明朝的制度、政策。即效法明朝。他宣布前明大小官员，即使曾投降于李自成，在李自成处做官的，也既往不咎，一律照旧供职。大清王朝为奠定国策，也是遵循明朝建国时所定的方略。多尔衮善于用汉人，他接近的多是颇有才干、有识见的文化人，在入关前有范文程、洪承畴，入关后更重用大学士冯铨，对他们几乎是言听计从。像定鼎北京后，对汉人暂缓剃发易服。>明清变革大动荡、大改组之际，多尔衮确实起了巩固清朝的极大作用。他的既定方针就是行使武力，统一全国。为此他所制订的作战方略第一步是巩固京都，分派阿济格、多铎夹攻退据西安的李自成，取得中原之地；第二步是次第东南，消灭南明诸藩王政权。但多尔衮毕竟是满洲贵族。他搞圈地令，逼得许多农民田地被占，家破人亡；在大都市也是，在北京城内尽圈东城、西城、中城为八旗营地，只留南城、北城为民居；房屋被圈占者限期逐出。他自己生活奢侈，行止都是皇帝排场。这位大清国定鼎北京的实际创造者，因擅权过甚，广树政敌，死后必然为众矢之的，自食其果。

顺治亲政的布局 >顺治七年（1650）十二月，多尔衮死去，十五岁少年顺治帝亲政。福临亲政，得益于母亲孝庄皇太后的开导和教诲，使他逐渐适应了处理治国平天下的方方面面。顺治帝在位不长，但很注意明朝败亡教训，特别注视吏治，严惩贪污。提出"朝廷治国安民，首在严惩贪官"；也用汉官，有时还规定"受事在先者即著掌印，不必分别满汉"。他也继承皇太极强化与蒙古、西藏关系，亲政后即请达赖五世来京。福临博览群书，以至连刚刊印的金圣叹所批《西厢记》、《水浒》也未漏读，凡此等等，都为后世子孙引为楷模，发扬和光大。

多民族统一国家的奠基 >康熙帝雄才大略，是中国时间做得最长的皇帝。几千年中国产生了几百个皇帝，但好皇帝不多，他是最有政绩、最为后世称颂的一个好皇帝。>康熙帝未亲政时，虽有鳌拜等辅臣专权，但国事仍按既定方针办事。也因为过去王朝未设有的内务府和宗人府所发挥的职能，使它免除出现有与帝权干扰的太监和皇亲国戚的干扰和乱制。康熙六年（1667），十四岁的玄烨亲政。当时中国还未统一，康熙帝亲政后，坚决撤藩、平定台湾。经过八年战争，铲除了吴三桂等；经过二十年的打打停停，收复了台湾。>康熙三十年（1691），中国北部疆土奠定，蒙古三十旗隶属；康熙五十九年（1720），肃清外来侵扰，护送达赖六世回藏，奠定了西南的疆土，后来乾隆二十四年（1759），平息天山南北的内乱，正式设立行政机构，奠定了西北的疆土。＞由于康熙帝的努力、友好和团结，在他执政期间，朝廷与国内其他各族，北方的蒙古族、西南的藏族、西北的准噶尔、回族之间的关系都大为改善。他们和满族、汉族的密切、相融，是过去从来没有的，以至形成、奠定了统一的多民族国家。

勤于政事，讲究吏治 ＞康熙帝勤政，在六十一年皇帝生涯里，衙门听政成为常朝制度。所谓衙门听政，是每日到乾清门听取各衙门官员奏事，从而保证了行政办事效率。康熙帝还设置南书房，培养处理机要事务的干练官员；建立密折制度，直接由下而上了解吏治民生。＞吏治从来是政通人和的根本。康熙帝通过科举选拔官员，对官员严格考核。对徇私者，还按保举连坐法处分，特别是科举中的考官舞弊，往往以处死、抄家严加惩罚。康熙帝还要臣下推荐清官。他重视地方督抚的选用，说："督抚清廉，则属直交相效法，皆为良吏。"康熙重视清官，奖励清官，康熙朝是清官云集的一个时期。所谓清官，不仅是具有清廉、刚直的本质，也要是能办事、有进取心的官员。＞但是官员贪污，始终是封建社会的必然产物。康熙帝晚年，吏治日渐废弛，贪风日炽。文官私征滥派，武官吃士兵空额成风，以致各省钱粮亏空甚多，国家财政拮据。

广揽人才，提倡理学 ＞康熙帝靠科举取士，以为尚不足，为收罗人才，康熙十七年（1678）又创设了博学鸿词科，由内外大臣推荐学行兼优、文词卓越之人，经过考试，让他们做官；还倡制由朝廷官员保举的选官法。对于那些颇有社会影响的大学者，即使有反清前科，现今又不合作，如傅山、黄宗羲、顾炎武、王夫之、李颙和吕留良等，他都表示了极大的容忍，只要没有实际行为和言论，也就听之任之，让他们去著书立说，从而带动了学术的宽松气氛。有清一代还很少有如康熙朝前期那样学界人才齐集，出现了如颜元、李塨、孙奇逢、阎若璩和毛奇龄那样的大学者，以至在哲学、史学等领域都有瞩目的成绩。

抗拒西方殖民主义 ＞15世纪后，西方殖民主义者多次来东方掠夺，开始是葡萄牙、西班牙，接着又是荷兰和俄国、英国。郑成功从荷兰殖民主义者手里收复台湾后，荷兰多次提出要与清朝联手攻打台湾，清朝没有同意；康熙二十年（1681），荷兰得知清朝准备渡海光复台湾时，又主动前来表示要相助，但康熙帝拒绝了，他不用荷兰一兵一船，表现了对殖民者高度的警惕。＞康熙好学习，非常追慕西方科学技术和文化，他对某些西方人士，如汤若望、南怀仁相当友好、信任，但对西方国家却时时保持警戒和加以限制。如康熙二十八年（1689）的尼布楚条约，只允许陆路通商；来回商队时间、路线、人数都有严格要求。康熙三十七年（1698），不许英国自由来华贸易，海上来船只能停泊广州；康熙四十五年（1706），还规定西洋人永远定居者方能留华；康熙五十九年（1720），坚决抵制罗马教皇规定的中国天主教徒只能信仰耶稣、不许拜祖宗和孔子，宣布禁止天主教在华传播，还下令逮捕潜匿往来的西洋人。后来乾隆帝对付英使马戛尔尼和阿美士德，也是他的姿态的继续。

雍正帝的政治思维 ＞康熙帝生前多次废立太子，诸皇子为争当接班人明争暗斗几十年，

从来睿明、英武的皇帝治家难于治国，以至他在晚年为立储事，损害过多的精力和健康。幸喜他的继位者是皇四子胤禛，一个很有政治实践和丰富社会知识的皇帝。＞胤禛把父亲的事业继续发扬，承上启下，开创了雍正朝的盛世，也为他的儿子乾隆帝打下了最繁荣的基础。雍正帝很有气魄，富于创造，大有建树。他登位后，就创建了一种秘密立储法，并着力清除与他争位的允禩集团和年羹尧、隆科多党，还以此打击科甲朋党之争和大兴文字狱。

大力改革赋役制度 ＞康熙后期钱粮短缺，国库空虚和吏治败坏，雍正帝即位即全面清查

钱粮，经过这番清查和整顿吏治，国库得到补足、积存。康熙末年库存仅八百多万两，到雍正六年（1728）猛增至六千余万两。雍正帝在各级官员中实行耗资归公，但为提高官员待遇，设立从督抚至县巡检皆有的"养廉银"；为平衡京官与地方官，还给京官发双俸。康熙晚年制定了滋生人丁永不加赋，雍正又推行了摊丁入亩，永远取消了人丁税，劳役负担也免除了，也用不着再隐匿人口。因此人口迅速增长。

别出心裁的文字狱 ＞雍正帝在位时期，封建专制制度攀上顶峰，皇权空前集中，由此他

必然要开展打击科甲朋党和大兴文字狱。＞雍正朝文字狱特多，有的还处理得相当别致。开始的文字狱是与储位、党争株连的，如汪景祺案、钱名世案。胤禛很懂得利用负面教材开展政治思想教育。处理曾静、张熙案，却将他们的口供编成《大义觉迷录》，命府州县学刊刻，又让两人到处巡回发表演说，批判痛斥自己，践踏、打倒自己。

最为荣耀的乾隆盛世 ＞乾隆帝二十五岁继位，正当年富力强之时。封建社会到乾隆中

期走上了顶峰，乾隆帝雄才大略，巩固和发展了中华多民族统一的国家，成为政治稳定、经济繁荣、军事强盛的泱泱大国。这也是清朝最为荣耀的时代。＞这时候，全国人口超过两亿，耕地面积达到七百四十余万顷。乾隆帝重农务本，兴修水利，多次亲临海塘和黄河视察，因为粮食丰足，还曾三次普免全国钱粮。

盛世繁荣必然吸引世界的注视 ＞乾隆帝坚持康熙以来既定方针，比如洋船来华，只

能在广州，而且限定一次只能三条船，每船一百人，到北京不超过二十人；来华船只不能直

接和中国商人接触，而要与公行（洋行、洋商）中介，等等。乾隆二十四年（1759），还颁布了"防务夷商规条"，还规定外国商人销货后即须回国，不得雇佣中国仆役。乾隆帝还因外船上浙江定海日渐增多，把该地税额提高，使其无利可图。他说，广东在前明因贸易，结果出了个澳门，现在定海夷商日多，如不限制，将来也会有一个"澳门"。

文化禁锢术的负级效应 ＞乾隆帝先后组织文人，大规模地搜集、整理和编纂图书。其中规模最大的是《四库全书》，但他又通过编《四库全书》对全国藏书作了一次史无前例的大审查、大查禁、大销毁。在此期间，乾隆帝把康熙、雍正以来的文字狱引向新高潮，在他统治的六十年里，文字狱多达一百一十起。由是禁锢、钳制了思想，使人们僵化、固步自封，逃避到故纸堆整理古籍、考据经典，形成了文化史上有名的乾嘉考据学派。

夕阳黄昏的乾隆晚年 ＞乾隆中期以后，前期多年积攒的国库存盈被恣意挥霍。乾隆帝好大喜功，铺张粉饰，成天陶醉于盛世的迷梦里。他在位六十年，六次南巡，到处修行宫，大兴土木。＞天长地久有时尽。大清王朝盛极必衰，它终于从巅峰上滑了下来。

嘉庆帝治国难 ＞乾隆帝做了六十年皇帝，让位给了第十五子颙琰。乾隆帝交的却是一副烂摊子。＞嘉庆帝还是想有所作为的。他处理了和珅后，调整了军机处和六部主官人员，还对和珅集团大多数成员，概不深究，勉励革面自新，不致因打击面过宽，影响政局。＞对嘉庆帝有最大威胁的还是白莲教。白莲教是嘉庆元年（1796）起事的。声势浩大，驰骋于湖北、陕西、四川，此时，八旗军力早已衰颓，常备的绿营也丧失了战斗力，变成滑弁游卒；后来还是用三省乡兵练勇，将其镇压下去的。

道光朝病人膏肓 ＞嘉庆帝没有多大政绩，给儿子旻宁带来更大的包袱。无可奈何花落去。如果说嘉庆朝已呈现出清宫夕照，道光朝却是走到了黄昏尽头。西方资本主义正是虎视眈眈，中西冲突和碰撞已难以避免。＞道光帝虽然想有所作为，且真的也办了不少实事，如在吏治上，严禁幕友滥邀议叙，严禁各省滥委佐贰佐杂人员署理州县事务，严禁狱卒凌虐囚犯，等等。他平素尚节俭，是号称崇尚俭朴抑制奢侈的皇帝，在登位后，也对民间红白喜事以及皇族婚嫁作出种种规定，但纸面上虽有规定，在实行中却仍是我行我素。＞清朝继续奉行封闭、锁国政策，和西方世界差距越来越拉开了。这是一个大转折时期，尽管后来道光帝和他的臣僚也看到了西方在产业革命后的一日千里，有时也略表羡慕之情，但他们只是脑袋伸出中世纪，而脚跟仍牢牢地站在原地。＞落花流水春去也。大清国繁荣强盛已逝，现在是面对几千年未有的变局，如何认识、如何应付了。

乾隆时的前门街市图

清前期全图

图 例 Legend

◉ 京都	都城	Capital city
◎ 保定府	省级政所	Seat of sheng-level administration area
○ 徐州府	府级政所	Seat of fu-level administration area
· 嘉平寨	其他居民点	Other inhabited locality
▬	国界	International boundary
─	省界	Provincial boundary
---	地区界	Regional boundary
⊛ 北京	今首都	Contemporary national capital
⊙ 郑州	今省级、市、自治区人民政府驻地	Seat of contemporary province-level administration area
★ 丹东	今市人民政府驻地	Seat of a contemporary city
○ 刘尔集	今其他居民点	Other contemporary inhabited locality

选自谭其骧主编《中国历史地图集》第八册：清时期

清前期世系表

1 太祖爱新觉罗努尔哈赤（天命）→ **2** 太宗爱新觉罗皇太极（天聪、崇德）

→ **3** 世祖爱新觉罗福临（顺治）→ **4** 圣祖爱新觉罗玄烨（康熙）→ **5** 世宗爱新觉罗胤禛（雍正）

→ **6** 高宗爱新觉罗弘历（乾隆）→ **7** 仁宗爱新觉罗颙琰（嘉庆）→ **8** 宣宗爱新觉罗旻宁（道光）

女真人的后代

努尔哈赤果然成了满族的英雄，被子孙尊崇为开国清太祖。

努尔哈赤是满族的杰出英雄。满族就是女真族的后代，他们曾于公元11世纪在中原建立了强大的金王朝。

庞大的建州家族

在中国历史上，肃慎族这个古老的民族，一直生活在白山黑水的广阔土地上。

这是周王朝统治下的一个少数民族，北魏时期叫勿吉，隋唐称靺鞨，北宋统称女真。那时，阿骨打建立了金朝政权，逐渐强大，打进中原灭了北宋，百多年后为南宋和蒙古联兵所灭，又重新回到东北。

明朝中叶以后，女真人分成建州、海西、东海三个大系。其中建州一部实力最为雄厚，其首领世代为明朝边官。

明嘉靖时建州部的首领名叫福满。他生有六个儿子：长子德世库，住在觉尔察寨；次子刘阐，住在阿哈河洛寨；三子索长阿，住在河洛噶善寨；四子觉昌安，同祖父、父亲住在赫图阿拉；五子包朗阿，住

在尼麻喇寨；老六叫宝实，住在章甲寨。兄弟们住得都不远，关系也好，便成为这一带很有实力和名望的家族，人称宁古塔贝勒。一些势单力薄的家族，看到宁古塔贝勒强盛，都来归附。唯有

昔日火山今日池

长白山天池，坐落在吉林省东南部，是松花、图们、鸭绿三江之源，也是中朝两国的界湖。在远古时期，长白山原是一座火山。据史籍记载，自16世纪以来它又爆发了三次，当火山爆发喷射出大量熔岩之后，火山口处形成盆状，时间一长，积水成湖，便成了现在的天池。

满族史籍《钦定满洲源流考》

《钦定满洲源流考》二十卷，清朝官修的关于满族先世及有关东北诸民族的史籍。乾隆四十二年由阿桂、于敏中、和珅等编纂。该书以专题的形式汇集了中国历代史籍中与满族先世有关的记载，订正了原文中记载的不实之处，但其引文的讹误和回护之处也很多。

历史文化百科

〔东珠〕

清朝将产于东北地区的珍珠称为东珠。东珠也叫北珠，用于区别采自南方合浦等地区的南珠。它产捕于黑龙江、鸭绿江、乌苏里江、混同江及其流域的江河湖海。因白山黑水是清王朝的"龙兴之地"，因而统治者把东珠视作珍宝，作为一种对故土赐予的眷念和对祖先的尊崇，并用以镶嵌在表示权力和尊荣的冠服饰物上。王公贵胄以官爵、权力界定缀饰冠顶东珠的大小。皇后、皇太后的冬朝冠，缀饰的东珠和珍珠要有三百多颗，其中冠顶三层用东珠十三颗，用珍珠五十一颗。余如金约、耳饰、朝珠等，亦用东珠镶嵌，以昭示名分、辨别等级，显现皇家的至高权威。

公元 1583 年

世界大事记

荷兰统一。西班牙在菲律宾设行政机构，管理全岛。

《清史稿·太祖纪》

努尔哈赤

英雄 传奇

人物 关键词 故事来源

两个家族不肯俯首听命，一个叫硕色纳，仗着有九个身强力壮的儿子；另一个叫加虎，也仗着有七个武艺高强的儿子，他们不但经常欺侮弱小，还不时侵扰宁古塔贝勒。于是，祖父和父亲便要四儿子觉昌安出面，联合众兄弟，率领众族人一举征服了硕色纳和加虎，乘势统一了方圆二百里内的许多小部族。

仙女佛库仑

相传在很久以前，长白山的天池边住着三个美丽的仙女，老大叫大库仑，老二叫二库仑，老三叫佛库仑。一日佛库仑在天池沐浴，忽然飞来一只五彩鸟，当她把小鸟捧在手上，高高举起准备给姐姐们看的时候，鸟嘴衔着的那颗朱果一下掉到了她的嘴里，就势滚进了肚子。谁知佛库仑竟因此怀上了孩子，从而无法回到天上，只得留在人间。十三个月后，孩子生了下来，取名布库里雍顺。他就是满洲人的始祖。

025

女真骑马武士雕刻

女真是黑水靺鞨的后裔。努尔哈赤统一建州女真各部后，又兼并海西部，征服野人部。创建八旗制度，称汗建国。皇太极时，改名满洲，女真之名逐渐消失。

　　方圆二百里内有山有水，清澈的苏子河西岸是平坦的沃土，可以耕作；周围苍翠的山林，可以狩猎。宁古塔贝勒日益强盛起来。

虎山长城

虎山明长城的东端起点是辽宁丹东虎山，当年曾抵御过后金的入侵。这是近年经过修复的长城，雄风依然。

努尔哈赤出世了

　　与祖父和父亲住在一起的觉昌安生了五个儿子。其中名叫塔克世的第四个儿子娶邻近部族首领阿古的女儿喜塔喇氏为妻，在明嘉靖三十八年（1559）生下一个儿子，这时，一副弓箭被悬挂在门前，它象征这个孩子未来是一个好射手，此人就是后来赫赫有名的努尔哈赤。

　　努尔哈赤从小就喜欢骑马挽弓，驰射山林。他长到十岁那年，母亲死了，继母纳喇氏常常虐待他。到他十九岁的时候，就分给他一点东西要他独自谋生。努尔哈赤上山采集松子、人参，打些野味，弄点山货，到抚顺马市上去换些钱回来补贴生活。塔克世见他很有志气，动了怜爱之心，想再分点财产给他，可是，努尔哈赤婉言谢绝了，他说：“我这样生活已经很好，还是把财产留给弟弟们吧。”

　　努尔哈赤有两个弟弟，一个叫舒尔哈齐，一个叫雅尔哈齐。后来继母又生下一个巴雅喇，塔克世的妾也生下一个穆尔哈齐。努尔哈赤对四个弟弟都很关心体贴，四个弟弟也很尊敬哥哥。

三仙女浴布勒瑚里泊

正在沐浴的佛库仑三姐妹。

实用的满族马鞭
满族是马背上的民族，与马相关的用具就非常多，这根马鞭，装有手柄，鞭相当细密，显得精致实用。

喜读《三国》、《水浒》

努尔哈赤在与汉人的交往中，也粗懂汉文。他最喜欢读古典小说《三国演义》和《水浒传》，对小说中义结天下好汉和乱世出英雄的描绘有着极为深刻的印象。而书中的行军作战和方略，更为他日后转战疆

场、用智用谋，提供了最佳参照。他常说："大丈夫生在世上，就应该轰轰烈烈地干一番大事业！"

后来，他果然实践了自己的理想，成了满族的英雄，被清宫子孙尊为开国的太祖皇帝。

《是一是二图》（清·丁观鹏绘）
丁观鹏（1736—1795），明末著名人物画家丁云鹏之子。丁观鹏学其父，擅道释人物，有出蓝之誉。图绘乾隆着古装端坐书房榻上，正在舞文弄墨，屏风上又有一幅乾隆头像，故自题诗曰："是一是二，不即不离。"

镶银护手月牙钩
清代是由游牧民族满族建立的，马上武器自然占有重要地位。钩可在短兵相接时使用，此钩为镶银护手，不是普通士兵使用的。

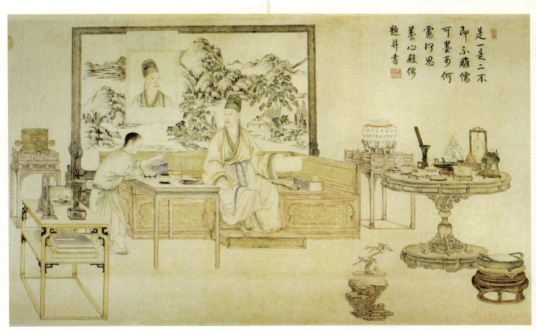

努尔哈赤原来一直是女真族中的亲明派，他的祖父觉昌安还被明朝任命为建州左卫都督，父亲塔克世为左卫都指挥使。可是，明万历十一年（1583），在平定建州右卫都指挥使王杲及其儿子阿台叛乱的战斗中，明将李成梁听信了尼堪外兰的挑唆，在攻打阿台时将进城劝降的觉昌安、塔克世父子一起杀害了。

努尔哈赤起兵

努尔哈赤用父祖留下的十三副铠甲武装自己的亲族。

清太祖朝服像

清太祖努尔哈赤，姓爱新觉罗，号淑勒贝勒，明嘉靖三十八年（1559），出生在建州左卫苏克素护部赫图阿拉城（今辽宁省新宾县）的一个满族奴隶主家庭。明万历十一年（1583），努尔哈赤以父、祖遗甲十三副起兵，"自中称王"。他率领八旗子弟转战于白山黑水之间，临大敌不惧，受重创不馁，以勇悍立威，受部众拥戴，历时三十多年，统一女真各部，推动了女真社会的发展和满族共同体的形成。万历四十四年（1616），在赫图阿拉建元称汗，国号大金（史称后金）。

觉昌安的孙女婿

原来那时女真族社会处于动乱之中，大大小小部族互相攻伐，都想争雄称霸。

赫图阿拉城西北有两个城寨，一个是古埒城，城主便是王杲、阿台父子；另一个是沙济城，城主叫阿亥。他们都很有实力，也与宁古塔贝勒的关系都不错；那个阿台还是努尔哈赤伯父礼敦的女婿，也是努尔哈赤祖父觉昌安的孙女婿。

赫图阿拉城北是苏克苏护河部，有个图伦城的城主名尼堪外兰。此人势力不大，野心不小，为人狡狯奸诈。为了达到称雄的目的，使用长白山人参、貂皮、黑菜等贵重之物行贿明朝边将李成梁，在他跟前搬弄是非，说古埒和沙济的坏话。李成梁早就闻知古

人物　关键词　故事来源

阿台　李成梁　努尔哈赤

尊严　正义

《清太祖实录》

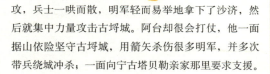

埒阿台桀骜不驯，听了尼堪外兰的谗言，便自作主张出兵讨伐古埒、沙济两城。那时的城不过是聚族而居的村寨土堡，沙济城见明军来攻，兵士一哄而散，明军轻而易举地拿下了沙济，然后就集中力量攻击古埒城。阿台却很会打仗，他一面据山依险坚守古埒城，用箭矢杀伤很多明军，并多次带兵绕城冲杀；一面向宁古塔贝勒亲家那里要求支援。

父子冒险进围城

觉昌安怕孙女遭到不测，就与塔克世一起率众前去。爷俩到得城前，觉昌安对塔克世说："城内危险，我先进去说服他罢兵投诚，你在城外等我。"觉昌安进城见了阿台，对他说："外面明军攻城紧急，还是罢兵讲和为好。不然，我想带孙女先出

老满文木简

遵照努尔哈赤的旨意，额尔德尼、噶盖二人根据本民族语言的特点，仿照蒙古文字母，创制了满文。即所谓"老满文"或"无圈点满文"。

阿济格略明事件之满文木牌

这是故宫内阁书籍表章库内发现的26支满文木牌，经专家详细考证木牌是用新老满文书写，记载崇德元年(1636)武英郡王阿济格略明时战地杀敌及掠获战利品等事。

去，免生意外！"阿台说："这城坚固，明军难以攻破。他要灭我，我怎能束手就擒？"一个劝降，一个不肯，双方相持不下。塔克世在外等得久了不放心，也进了城。

李成梁本想速战速决拿下这两个小城，不料遇到古埒城的强烈抵抗，自己部下还遭到惨重伤亡，便责怪尼堪外兰不该搬弄是非，威胁他说若拿不下此城便拿他问斩。尼堪外兰胆战心惊地来到古埒城下，壮着胆子向城头喊话说，明朝大军既然来了，就非攻下此城不可，决无空手回去之理。现在李总兵有令，谁能杀阿台，就委他当城主。城内有几个兵士信以为真，便密谋杀死了阿台，献出古埒城。

> ### 历史文化百科
>
> #### 〔垄断人参采卖〕
>
> 清人向以人参采卖作为重要经济来源，入关后便实行垄断，规定参山和人参属国家所有，不准常人随便采挖。朝廷参照盐引之法，发放采参印票，专人定量采集，由司库、领催等监督执行。采得之参，一律收缴皇室内库，多时每年可达千斤。宫贮人参有大枝、特等、头等和二三四五等及芦须、渣末和叶、籽、膏等分级。一般情况下，四等以上供帝后享用或制御药，五等以下用于赏赐官员、少数民族上层人物及外蕃使节，或变价出售与作一般入药之用。垄断人参采卖，成为蓄养皇室、内务府及禁卫军，办公、津贴、赏赐等开销的重要财源。

《仙山楼阁图》（清·王时敏绘）

此画为作者七十四岁时的作品。画中山水繁密中见清疏雅逸之情趣，山势平平，笔墨飘逸而有灵气，近处以篆隶笔意写双松并立，更见苍翠奇古。

努尔哈赤御用剑

努尔哈赤一生统一女真各部，建汗国，大败明军。这柄利剑成了这个可汗必不可少之物。

十三副铠甲

城门大开，李成梁蓄意报复。他将城中的男女老幼骗出城外，下令部队包围杀戮，连献城投诚者在内，一个不剩。共杀戮了两千两百余人。觉昌安、塔克世和阿台的妻子祖孙三代也在其中。

努尔哈赤得到祖父、父亲和堂姐被杀的消息，不禁哭倒在地。他满腔悲愤地发誓说："此仇不报，我决不罢休！"

明朝政府觉得此事确实说不过去，面对努尔哈赤的责问，只好承认是"误杀"，向他道歉，送给他三十匹马，并让他承袭都指挥使的职务。可是另一面却又公然亮出支持尼堪外兰的旗号，帮他筑建城堡，扶植他为建州女真各部之主。

努尔哈赤虽不甘心，但又无力攻明，只有先将仇恨发泄于尼堪外兰。他与弟弟舒尔哈赤回到本部落，便动员部族众人杀牛祭天，用祖父和父亲留下的十三副铠甲武装自己的亲族，正式起兵复仇。

南岭遗址

努尔哈赤曾在此指挥部下攻打叶赫部，并大获全胜。

世界大事记

荷兰人沙乌塔·德·合恩到达南美洲最南端合恩岛南之合恩角。英格兰莎士比亚死。

《皇朝开国方略》

努尔哈赤　勇敢

人物　关键词　故事来源

○○三

创建后金国

努尔哈赤连射五箭，箭箭中的。

明万历十一年（1583），努尔哈赤攻克图伦城，三年后又擒杀了尼堪外兰，报了一箭之仇。

筑城池建王制

努尔哈赤杀了尼堪外兰，征服了不少部落，势力大增。明万历十五年（1587），他跃马踏勘呼兰哈达山下的南冈，环视被他统一的满洲，决定在这里兴建一座新城。

这座新城建在首里河与嘉哈河之间的山坡上，取名费阿拉城。费阿拉城有三城相套，外城住诸将和他们的家族，内城住自己的家族，内城中心是努尔哈赤和他的家人，它用木栅围筑为城垣，内有神殿、鼓楼、客厅、阁台，最高为三层。努尔哈赤在这里发号施令，但对外仍用"明建州卫都指挥使"名义，表示仍是明朝的官员。费

萨满神案

萨满教把神像绘于丝帛上，称之为神案。祭祀时加以供奉。

萨满祭祀神偶

萨满教是一种原始多神教。萨满教的神职人员称为"萨满"，他们经常把祖先的英雄造型制成神偶，做为祭祀的对象。萨满教赋予神偶一切人的灵性，认为神偶也需要吃、喝，也多有喜怒哀乐。所以要定期向神灵供奉各种祭祀品，并在萨满率领下，围绕着敖包跳古老的祭祀舞，这样才能愉悦神灵以保佑活着的人。

> 历史文化百科

〔满文〕

满族人说的满语，属于阿尔泰语系满—通古斯语族满语支。满文是借用蒙古字母，协合女真语言，拼读为字，于天命八年（1623）命额尔德尼等创制的，它系初创的无圈点满文，通称老满文，未能有完整的表达，在应用中发现字母少，清浊辅音不分，上下字无别，语法不规范，字形不统一。

天聪六年（1632）年，皇太极命达海改进无圈点满文，将它改为有圈点满文，并应用于努尔哈赤后金政权建立前所建立的档案。因此，记载从1607年至崇德元年间（1636）女真各部从分散到统一的《满文老档》是研究后金（清）早期社会历史的重要文献，要比清朝后来官修的前期史来得真实可信。

阿拉城成了努尔哈赤统治满洲各部的中心，在以十三副铠甲起事十年之后，他已拥有一万五千名将士了。

武艺高强，众部归顺

董鄂部有个好箭手，叫钮翁金，没人能超过他。努尔哈赤听说，便派人叫钮翁金过来，请他对着百步

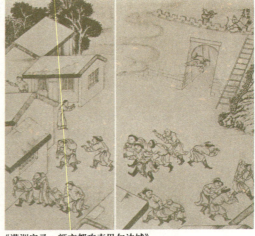

《满洲实录·额亦都攻克巴尔达城》
额亦都世居长白山，随努尔哈赤起兵，战功卓著，为五大臣之一。这是《满洲实录》中描绘他攻克巴尔达城时的场景。

外的柳树射几箭。钮翁金也不推辞，下马挽弓搭箭，接连射了五箭，三箭射中树干，众军士齐声称赞。努尔哈赤拿过自己的弓来，搭上箭也连射五箭，箭箭射中树干，上下相距不超过五寸，众军士更是惊叹不已，钮翁金也情不自禁地上前拜服。

不久，苏完部索尔果、董鄂部克辙巴颜之孙何和里与雅尔古寨的扈喇虎都来归附。努尔哈赤封索尔果之子费英东为一等大臣；扈喇虎之子扈尔汉也封为一等大臣，并收为养子；何和里则封为一等大臣，招为女婿。

建州北边有个叶赫部，首领杨吉砮几年前曾许努尔哈赤婚，将小女儿送他为妻。如今老人已死，接替

威严的萨满神衣（左图）
萨满必须有"神帽"、"神衣"、"神鼓"等一套用具。"神衣"是紧身对襟长袍，一般用鹿皮制作，周身上下缀有铜镜、小镜、腰铃等。下身后侧是飘带。萨满跳起"神"来，有节奏地敲"神鼓"，大小铜镜和腰铃相击作响，飘带四飞，俨然如沙场上的勇士，用以显示"神灵"的威严。

卢沟桥

自春秋战国以来，卢沟渡口就是南北交通的要冲，过去常以临时搭的浮桥渡河，极为不便。公元1153年，金主完颜亮定都中都后，这里成了金人的政治中心。为了改善都城的内外交通，金大定二十九年(1189)，在此建一座永久性的石桥。该桥初名广利桥，是一座连拱大石桥，与河北的赵州桥和泉州的洛阳桥并称为我国的三大古典名桥。至今已有八百多年的悠久历史，见证了无数次的战火。

他的是儿子纳林布禄。他见努尔哈赤十分了得，就把十四岁的妹妹那拉氏送了过来，同时表明叶赫部也从此归顺。

努尔哈赤一见这小姑娘生得花容月貌，举止典雅，不禁大喜。立即吩咐设席摆筵，拜堂成亲。四年之后，那拉氏生下个儿子，取名皇太极，就是后来清朝的开国皇帝。

讨伐"九部联兵"

那些归附的部落和来联姻的首领，其实都有自己的小算盘，包括叶赫部也不例外。他们要求努尔哈赤给他们一些土地和牲畜，努尔哈赤当然不会答应，他们就联合组织了"九部联兵"袭击努尔哈赤。所谓九部联兵实际上都是些乌合之众，不堪一击。

努尔哈赤在古勒山上据险结阵，当九部大军像长蛇似地来到山下时，派出百余精骑袭击，一举将九部联兵打得大败，灭了哈达、辉发、乌拉诸部，然后集中兵力征讨叶赫。

叶赫部地处最北边，成了无援的孤军，只得向明军求救，说努尔哈赤要占整个辽东与大明对抗。此时，明朝也感到努尔哈赤的威胁加强，便派马时楠、周大歧率一千精兵前去支援，警告努尔哈赤不得侵犯叶赫。

努尔哈赤觉得同明朝交手还为时过早，因而他为表示对明朝忠诚，多次亲自到北京进贡，并被加封为龙虎将军；他借明廷旗帜，统一了女真各部。他对部下说："现在的当务之急不是别的，而是积蓄力量。"

设八旗

努尔哈赤在费阿拉居住十六年，万历三十一年(1603)迁都赫图阿拉，在此期间，他把在统一战争中征服归顺的部族，每三百人设一牛录额真统领，五个牛录设一甲喇额真统领，五甲喇设一固山额真统领。各固山以旗帜颜色加以区别，先是黄、白、红、蓝四旗，后增镶黄、镶白、镶红、镶蓝四旗，称作八旗制度，平时种田狩猎，战时行军打仗。兵民合一，军政合一，他自己便是八旗的最高统帅，亲领两黄旗，其余六旗分由代善、皇太极等统领。

明万历四十四年(1616)春节，努尔哈赤端坐宝殿，右面站着阿敦，左边站着满文创制者额尔德尼巴克什。代善、阿敏、莽古尔泰、皇太极等各个贝勒、大臣、文武官员，分别四排四隅八处肃立，八旗八大臣跪进表章，给努尔哈赤上了"奉天复育列国英明汗"的尊号。告天之后，众臣山呼叩首，定年号为"天命"。但努尔哈赤办事谨慎，对外不作声张，三年后在取得萨尔浒大捷后，始亮出国号"后金"和"大金"。

萨尔浒之战

萨尔浒之战是后金与明兴衰的转折点，它显示了努尔哈赤的杰出军事才能。

努尔哈赤统一女真各部后，时逢辽东地区大水灾，粮食紧缺，有饿死于田野者，他就选择此时机，把女真人的怨恨引向明帝国。后金天命三年（1618）努尔哈赤发布"七大恨"告天，誓师后即督师攻明，袭取了重镇抚顺。

努尔哈赤震惊明朝野

抚顺失陷、周边十几个大小城池和四千多个村庄被掳掠的消息传到北京，朝野震惊。万历帝召集御前会议，作出设立山海关镇、加强京城防卫、调集兵马征剿的决定。另外，还批准了兵部的赏格报告：拿获或击毙努尔哈赤者赏银一万两；拿获或击毙八大总管、十二亲伯叔弟侄及有名头目者从优从厚升赏；被俘、投敌人员能俘献努尔哈赤者免死。

明朝调动大军十万，上将千员，兵分四路，气势汹汹向赫图阿拉杀来，恨不得将这异族小国犁庭扫穴，一举踏平。担任前线总指挥的是在官场混迹三十余年，而实际无军事指挥才能的辽东经略杨镐。他坐镇沈阳，把从蓟门、山西、山东等地征调来的明军和由元帅姜弘立、副帅金景瑞统率的朝鲜援军分作沈阳、开原铁岭、清河、宽甸四路，从西、北、南、东四个方向进攻后金大本营赫图阿拉。又派秉忠、张承基领兵驻辽阳，李光荣派兵驻广宁，既保后方，又备策应。后勤军需则交管屯都司王绍勋全权负责。一切布置就绪，便向后金国宣战。

萨尔浒战场

努尔哈赤十分镇静。他说："凭你几路来，我只一路去！"仅派小股兵力布防在几个军事要点，却将大部队往西开拔，集中在抚顺一路，在萨尔浒（今辽宁抚顺东大伏房水库一带）运石筑城。

后金国与明军的第一个回合是铁背山前歼杜松，夺了明军萨尔浒大营，取得粉碎明军分进合击战略的决定性胜利。铁背山在浑河上游、苏子河下游会合

萨尔浒之战遗址

公元1619年发生的萨尔浒之战，是后金政权与明朝在辽东地区进行的一场具有决定意义的战略会战。在这次战斗中，努尔哈赤表现出了杰出的军事才能，他采取集中优势兵力、各个击破的战略，五天之内连破三路明军，歼灭明军约五万人，缴获大量军用物资，从根本上改变了辽东的战局：明朝方面由进攻转为防御，后金方面由防御转为进攻。

修复后的东京城南门天佑门

清王朝入关前，太祖努尔哈赤以辽宁新宾为开创后金政权的根据地，曾在辽宁地区几次迁都，留下了三座都城：兴京（新宾老城）、东京（辽阳）、盛京（沈阳），并称"关外三都"。

公元1625年 公元 1 6 2 5 年

世界大事记 英、荷、丹缔结反哈布斯堡同盟。

努尔哈赤 勇敢
杜松 胸怀
刘綎 马林

《明史纪事本末补遗》卷一
《清太祖实录》卷六

人物 关键词 故事来源

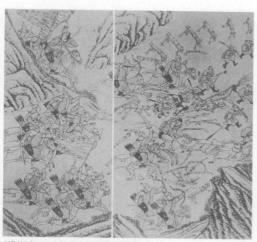

《满洲实录·攻破马林营图》

努尔哈赤与明军的战斗是艰巨的，但他英勇无畏，冲杀灭敌。而马林却心存畏惧，怎不落得丢盔弃甲，仓皇逃跑的境地。

处，山势雄伟，悬崖峭壁，浑河南便是萨尔浒，山多林茂。杜松率主力二万至此，天色已晚，他不想宿营，看看河水不及马腹，便裸骑渡河。部下请他披上甲胄，他笑着说："入阵被甲，不能算大丈夫。我自小当兵，现在都老了，还不知盔甲有几斤重呢！"士卒听他此言，也都解衣竞渡。此时后金兵马已在上游

> 历史文化百科 <

〔清皇族特权的象征：黄带子、红带子〕

满洲贵族最高层就是皇族。皇族即指爱新觉罗家族。它按血缘圈的近远，还分为宗室和觉罗。宗室即清（后金）开创者努尔哈赤（清太祖）及其兄弟（如济尔哈朗）的后裔，系佩黄带子；觉罗，即努尔哈赤父系兄弟的后裔，系佩红带子。他们的子孙均可承袭爵位。如努尔哈赤后裔世袭多达1987人，其中亲王有140人，郡王94人。凡系黄带子、红带子，均可就读宗室学校或觉罗学校，毕业后即可做官。他们还享有多种政治特权，如杀人伤人不受官府和刑律约束，由宗人府处理。

筑坝蓄水，于是决坝放水，杜松一彪人马刚渡到河中，立即被淹死一千余人。杜松过河后分军为二，一设大营于萨尔浒山下，一由他率领抵吉林崖攻界凡城。努尔哈赤集中兵力，一鼓作气，攻破萨尔浒大营；挥师回援界凡城，杀得明军落花流水，杜松也落马战死。

第二个回合是击败开原、铁岭一路的马林军。后金兵萨尔浒大获全胜后，在尚涧崖同马林所率明军北路遭遇。努尔哈赤亲率主力赶来，支援已经投入战斗的皇太极所率两旗。马林分军

《丛山兰若图》（清·王铎绘）

王铎（1592—1652），字觉斯，号嵩樵，又号痴仙道人，河南孟津人。明末清初画家。此画山峦重叠，草木丰蔚。构图饱满，不拘成墨，属文人笔墨游戏的风范。

为三，互为犄角，号为"牛头阵"，被金兵分头袭破，仅总兵马林得以身免。

努尔哈赤全歼西、北两部明军后，仍以少许兵力狙击李如柏一路，牵制其前进速度。随后集中大部兵力，聚歼刘綎统率的东路明军。山险道狭，路不好走，刘綎带领人马缓慢行进，他还不知道杜松之军已被歼灭。行至距赫图阿拉约五十里的阿布达里冈隘口，碰到一个手拿杜松令箭的人催他速去会战。刘綎勃然大怒，心想你杜松与我同为大帅，有何资格向我传令！但又不愿让杜松抢了头功，便下令加速进军。他哪里知道来人乃是后金国的间谍，激他去钻圈套。行不多时，一队打着杜松旗号的人马迎来，引着刘綎的队伍进入后金八旗主力布置好的阿布达里冈包围圈。大贝勒代善取中路攻入，与伏击在瓦尔喀什山南的四贝勒皇太极上下夹攻。从上午直打到晚间，刘綎被流矢射中左臂，继续奋战，又伤右臂，仍不罢手，脸被刀削掉半个面颊，犹在左冲右突，杀死金兵数十人，直至气绝。朝鲜兵早因后金坚壁清野，饥饿多日，至此已无心再战，只得向代善缴械投降。

明军惨败

明军前线总指挥杨镐本来一心等着捷报，不料传来杜松、马林两路覆灭的消息，便下令撤军。刘綎未获命令已被歼灭，仅李如柏南路军接到命令迅速回军，途中却被二十名后金哨兵追杀，自相践踏，损失了千余人，但总算得以保全了建制。

明朝在这场战争中损失惨重，三天之内四个前线指挥官及大小将领三百余人战死，四万五千八百多士兵阵亡，骡马枪炮辎重丢失无数。而金兵据说死亡不足二百人。

萨尔浒之战后，明军士气动摇，而努尔哈赤不仅保持了后金政权，而且赢得了对明朝作战的主动权。自此以后，努尔哈赤的胃口更大了。

《白云红树图》（清·刘度绘）

刘度（生卒年不详），字叔宪，一作叔献，钱塘（今杭州）人。明末清初画家。擅画山水，为蓝瑛弟子。此图系没骨青绿山水，飘动感颇强。全画色彩浓艳，然并无甜俗之气。

公元1626年

公元 1 6 2 6 年

世界大事记　西班牙派军占领了中国台湾北部的鸡笼（今基隆）。

卷六、《清太祖实录》卷八、卷九

努尔哈赤　胸怀　谋略

人物　关键词　故事来源

〇〇五

建都沈阳

努尔哈赤说：沈阳之地，四通八达。

随着统一女真和对明征战的胜利，努尔哈赤的疆土大大扩充，都城也由开始的出生地费阿拉，二迁至赫图阿拉（今辽宁新宾），三迁至界凡城，四迁至萨尔浒山城，五迁至辽阳，最后定都沈阳。

由赫图阿拉迁都

努尔哈赤在赫图阿拉居住十六年，随着对明征战的胜利，他锐意进取，选择了赫图阿拉以西一百二十里的界凡建设新都。正当他运石筑城时，明军发动大规模进攻。不久他取得萨尔浒大捷，决意将重心西移，在界凡修建宫殿，屯田牧马。

满洲很多贵族不同意。他们不懂得努尔哈赤攻明的意图，竭力要求返回旧都，由于努尔哈赤坚持己见，只得遵从。他迁居界凡后，西征北战，陷铁岭，灭叶赫，在驻扎十五个月后，又西迁萨尔浒山城。

在萨尔浒城，努尔哈赤又指挥了攻取沈阳和辽阳的战役。未及半年，又迁都辽阳。

辽阳建制

后金天命六年（1621），后金占领明辽东首府辽阳，努尔哈赤立即计划将其作为都城。可是守旧的贝勒们又不愿迁都，经过他竭力解释，他们才理解辽阳之地，乃明、朝鲜和蒙古接壤要害之区，今日弃之，他日又得征取。就此定下迁都辽阳之大计。兴筑宫殿，称为东京。努尔哈赤在辽阳建都四年。

在辽阳期间，努尔哈赤强化了立法，以保证原先所定的三审制度，即案件首经理事官十人审问，再由理政听讼五大臣复审，然后交由诸贝勒界定。他到辽阳后，多次重申，并要各贝勒、大臣，每五天聚集一次，对天焚香叩头作保证；在审案中，不许受贿、勒索，也不准喝烧酒，吃佳肴。他对私取财物，特别痛恨，大学者额尔德尼巴克什就是因此被诛杀

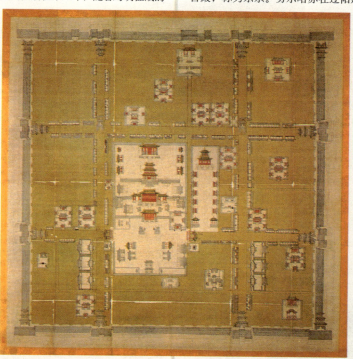

沈阳城最早的概貌图《盛京城阙图》

《盛京城阙图》是现存的关于沈阳城的最早的形象资料。珍藏于中国第一历史档案馆，是绢本彩图。图中描绘了沈阳城的整体布局，标注了八座城门，四座角楼及城内的主要建筑。

的。据《满文老档》称，一次他的侄子济尔哈赤、宰桑武和孙子岳托、硕托因私分财物而获罪，努尔哈赤命他们穿上妇女衣裙，并画地为狱，监禁三天三夜。他还亲去四位贝勒幽闭之处，严加叱责，向他们脸上啐唾沫。

努尔哈赤的刑律极为残酷，很多极为荒唐，如他把"剃发"奉为国家大法，每攻占一个汉人聚居区，第一号命令就是剃发；"剃发"被作为降顺标志，强令"剃发"，凡拒不剃发者格杀不论，妻女没为八旗官兵奴婢。在他的占领区，许多汉人愤而反抗，软弱者亦情愿自杀，也不肯剃发。

沈阳建都

后金天命十年（1625），努尔哈赤又迁都沈阳。当时，诸贝勒、大臣反对迁都。他竭力坚持，说："沈阳之地，四通八达，西征大明，只要渡过辽河，路程又直且近；北征

沈阳故宫的大政殿
大政殿是用来举行大典，如颁布诏书，宣布军队出征，迎接将士凯旋和皇帝即位等的地方。

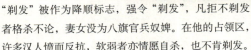

沈阳故宫的十王亭
沈阳故宫建于1625年，后金第一代汗努尔哈赤开始修筑，努尔哈赤死后，第二代汗皇太极继续修建完成。沈阳故宫的建筑布局可以分为三路。东路为清太祖努尔哈赤时期建造的大政殿与十王亭。中路为清太宗皇太极时期续建的大中阙，包括大清门、崇政殿、凤凰楼以及清宁宫、关雎宫、衍庆宫、启福宫等。西路则是乾隆时期增建的文溯阁、嘉荫堂和仰熙斋等。东路的建筑是很有特色的。大政殿居中，两旁分列十个亭子，称为十王亭。十王亭是左右翼王和八旗大臣办事的地方。

凤凰楼
凤凰楼是沈阳故宫中最高和最有代表性的建筑，融合满、汉、蒙、藏多民族建筑艺术于一身，是当时的"盛京八景"之一。曾是当年皇太极开宴会、举行盛大仪式的一个重要场所。

《山水图》（清·普荷绘）

普荷（1593—1683），僧人，一名通荷，号担当，俗姓唐，名泰，字大来，云南晋宁人。明末清初画家。工诗，擅画山水。此图画溪山、流泉、杂树、房舍、茅亭，远近错落。笔致纵放，用笔随意点染，给人以幽谧之感。

蒙古，仅两三天；南征朝鲜，自清河即可到达。此处林木郁郁，附近山兽河鱼丰富多多，所以必须迁都。"

努尔哈赤雄才大略，他选择沈阳为都的决策，更加有利于对明的进攻，也强化了后金王国。

沈阳后译为盛京（兴盛之都），努尔哈赤迁都后，大兴宫殿，主体建筑就有大衙门（大政殿）和它左右排列的八旗亭（后增左翼亭、右翼亭为十王亭），这些组合的建筑群，正反映了后金汗与八和硕贝勒的共同议政，也突出了国家八旗制度。后来乾隆帝北巡盛京有诗赞曰：一殿正中居，十亭左右分；同心筹上下，合志立功勋。辛苦缅相共，规模迥不群；世臣宵效落，宗子更撼勤。〉盛巽昌

"七大恨"木刻揭榜（右图）

1618年（明万历四十六年，后金天命三年）4月13日，努尔哈赤以"七大恨"告天，出兵伐明。这七件恨是：(1)明朝无故杀害努尔哈赤父、祖，(2)明朝偏袒叶赫、哈达，欺压建州，(3)明朝违反双方划定的范围，强令努尔哈赤抵偿所杀越境人命，(4)明朝派兵保卫叶赫，抗拒建州，(5)叶赫由于得到明朝的支持，背弃盟誓，将其"老女"转嫁蒙古，(6)明当局逼迫努尔哈赤退出已垦种之柴河、三岔、抚安之地，不许收获庄稼，(7)明朝辽东当局派遣守备尚伯芝赴建州，作威作福。

〉历史文化百科

〔皇太极为本民族正名〕

天聪九年（1635），皇太极特别颁发谕旨："自今以后，一切人等只称我国满洲原名，不得仍前妄称。"皇太极还禁止说满族是从肃慎、女真发展而来。从此，满洲族（原称满族）沿用至今。翌年四月，皇太极正式改国名为"大清"。

努尔哈赤之死

相传努尔哈赤被炮击伤，半年后因伤重不治，又突发痈疽而死。

明廷三换相

努尔哈赤攻占广宁后，达到了他戎马四十年的颠峰，明朝君臣更觉得惊恐不安。兵部尚书张鹤鸣害怕皇上追究他的失职之罪，自请去

《福陵图》（清·佚名）
福陵一般称为东陵，是清太祖努尔哈赤及其后妃的陵墓。位于沈阳市东郊，建在一块丘陵之上，前有浑河，后倚天柱山，由前向后地势逐渐升高。始建于天聪三年（1629），顺治八年（1651）竣工，后屡经改建、扩建，整个陵园占地19.4万多平方米。

山海关前线督师。天启皇帝如获救星，即刻给他加官晋爵，赐以蟒袍玉带及尚方宝剑。无奈张鹤鸣并非真心要去关外力挽狂澜，不过是以进为退罢了。那时明军把去东北作战视为畏途，说入关一步是乐园，出关一步是鬼乡。张鹤鸣奉旨后，磨蹭了十七天，才去山海关。到了那里未采取任何措施，拖延了一些日子便向朝廷递了个病体不支、申请离职还乡的报告。天启帝只得命宣府巡抚解经邦前去接替，但解某连上三本，力辞重任，宁可削职为民，

清朝祖陵永陵
永陵，满语称"恩特和莫蒙安"，坐落在新宾县城西二十一公里启运山脚下的苏子河畔。是大清皇帝爱新觉罗氏族的祖陵。陵内葬着努尔哈赤的六世祖猛哥帖木儿、曾祖福满、祖父觉昌安、父亲塔克世及伯父礼敦、叔父塔察篇古以及他们的福晋。明万历二十六年（1598）始建，初称兴京陵，清顺治十六年（1659）尊称为永陵。是著名的关外三陵之一。

启运殿

启运殿又称享殿，是永陵建筑群中的主体建筑，也是清朝皇帝举行祭祀大典的殿堂。殿顶正脊上浮雕八条戏珠行龙，两端鸱吻的剑把头上分别透雕"日"、"月"二字，寓意祖先的神灵保佑清朝的江山如日月永恒。

也不敢向山海关迈进一步。皇帝无法可想，就下令廷臣推荐，并说明推荐出来的人，不管愿与不愿，必须到任。推荐结果，王在晋得票最多。皇帝当即下令刻期上路，不服从就绳之国法。王在晋无法推辞，硬着头皮去了山海关。然而王在晋只会夸夸其谈，并不懂军事，任职半年，形势继续恶化，孙承宗自请赴山海关外实地考察，他回来后自请出任经略，朝廷于是调走了王在晋，让孙承宗以兵部尚书兼东阁大学士主持辽东一切事务。

孙承宗一到山海关，立即调整指挥系统，命总兵江应诏定兵制，监军袁崇焕修营房，总兵李秉诚练火器，广宁道万有孚主采木，司务孙元化筑炮台，游击祖大寿驻觉华岛负责粮饷器械。不多时，一道将宁远、锦州与山海关连成一体的宁锦防线布置就绪。

号称二十万大军漫野而来

孙承宗决计在关外各地设城，并特别强化宁远城守。这一阵，努尔哈赤虽忙着迁都，但占据关东乃是他的既定方针，迁都就绪，他又向明军发起了进攻。

后金军过辽河，兵分两路，一路沿海岸南下，一路沿广宁大路前进，连克锦州、松山、大小凌河、杏山、连山、塔山等城，而后截断宁远至山海关的大路。这时候，孙承宗因受阉党排挤，罢官回乡，接替他的是阉党爪牙高第。高第接任后，就下令撤销关外各城守备，将兵丁尽撤入关。

只有袁崇焕不从，于是宁远成了一座孤城。

宁远本来无城，袁崇焕赴任后，发现宁远的战略地位，才筑城作为战

明朝忠臣袁崇焕

袁崇焕（1584—1630），祖籍广东东莞，后落籍广西藤县。明万历进士，初授福建邵武知县。后因心系辽疆，毅然投笔从戎，官至兵部尚书，督师蓟辽。崇祯二年（1629），皇太极亲率大军避开袁崇焕的防区，攻下遵化，直逼北京城下。袁崇焕闻讯率部星夜驰援京师，获广渠门、左安门大捷，解京师之危。后崇祯帝却因阉党余孽的谗言，中了皇太极的反间计，认定袁崇焕与后金有密约，反而将他逮捕处死。

> ▶▶ **历史文化百科**

〔清代的"人殉"〕

据历史文献记载，清前期仍保留有生人殉葬制度，且加以鼓励实施。具体事例有：其一，努尔哈赤死后，随即有三人殉葬：一是努尔哈赤最为宠爱的、小他三十一岁的大妃阿巴亥；二是两位"庶妃"。至于努尔哈赤的元后叶赫纳喇死时，更有四个奴婢被迫殉葬死去的主子。其二，皇太极死时，则有章京敦达里、安达里二人为其殉葬。其三，多尔衮死时，侍女吴尔库尼也为其"主子"而生殉。这种"人殉"的制度和习尚，直至康熙初年才被禁止。

略要地。努尔哈赤让人带信给袁崇焕，说宁远孤城已被二十万后金兵包围，破城易如反掌，劝他不要不识时务，马上缴械投降。袁崇焕大笑说："夸大其词。奴酋所率兵马不过十三万，我怎么能嫌这种数目少呢！"明军自总兵满桂以下的二万将士都表示了誓与孤城共存亡的决心！

努尔哈赤撤退

努尔哈赤听说袁崇焕要死守宁远，不禁大怒，当即下令攻城。

袁崇焕早有迎战准备。城下的后金军在震天的呼喊声中登梯攻城。城内军民同仇敌忾，齐心参战，不能登城作战者就保证后勤供应，把守巷口，严防奸细。登城打仗的则万众一心，不断用箭矢、火炮杀伤敌兵。

努尔哈赤见强攻登城死伤惨重，就下令凿墙毁城。谁知天寒地冻，城墙犹如

聚奎塔

聚奎塔为明代万历二十一年 (1599) 琼乐知县卢章兴建。据传在建塔期间的一个夜晚，卢章在梦中看见一位名叫宵霍的人，身穿青衣裙，站在塔顶念道："奎塔插天连甲第"，因此该塔定名为"聚奎塔"。袁崇焕曾在此会聚各路人马，保城卫国。

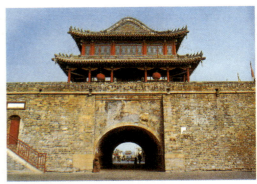

宁远城钟鼓楼

宁远古城与西安古城、荆州古城 (今江陵县城)、山西平遥古城同被列为我国迄今保留完整的四座古代城池。宁远城呈正方形，设四城门，城内正中有一座钟鼓楼。在明与后金军队征战期间，镇守宁远城的明军主帅袁崇焕就坐镇钟鼓楼指挥作战。天启六年 (1626) 正月，清太祖努尔哈赤率兵十三万围攻宁远城，身负重伤而败退。天启七年五月皇太极统军再攻宁远，再败城下。铜墙铁壁，费九牛二虎之力也凿不坍一块，反又增加许多伤亡。

次日，努尔哈赤指挥后金兵强攻宁远城西南角。这是明军防守的薄弱环节。袁崇焕得报，立即赶到城楼，先令兵民偃旗息鼓，待敌兵接近，即施放西洋大炮猛轰，把后金的楯车打得粉碎。努尔哈赤换了几个方向，都没能将城攻破。

第三天，守城明军继续用炮轰击，八旗将士被炸得人仰马翻。后金因死亡过多，只顾抢运尸体，天寒地冻无法掩埋，只好运到砖窑焚化。这也影响了士气。努尔哈赤无计可施，这是他用兵四十余年来仅有的大惨败。相传他于攻城时被炮火击伤，导致半年后因伤重不治又突发痈疽而死。在撤军时，他派蒙古八旗武纳格攻陷觉华岛，把明军屯粮辎重焚毁，还将岛上明兵及商民数千人屠戮，才气恼地退回沈阳。

宁远鏖战，袁崇焕依靠军民上下一致，取得了明朝与后金交锋以来的一次大胜仗。

公元1640年 公元 1640 年

世界大事记　葡萄牙独立。英国资产阶级革命开始。

《清史稿·太宗纪》

皇太极　谋略

人物　关键词　故事来源

〇〇七

大清建朝

努尔哈赤死后，皇太极继承了汗位，于1636年建立大清国。

努尔哈赤死后，经过一场平静而又激烈的明争暗斗，他的第八个儿子、四贝勒皇太极继承了后金国汗位。

仿明制，改革权力机构

根据努尔哈赤生前的安排，兄弟几个共治国政。皇太极虽然坐了汗位，却受到掣肘，实际上仍旧不过是正黄旗一个贝勒罢了。

三十四岁的皇太极，毕竟不是等闲之辈，他既有卓越的军事才能，又有非凡的政治手段。不用多久，他就做成了几件事：一是整编庄户，放庄园汉人为民户，选

皇太极像

汉官管理汉民。二是发展农工生产，保障经济供给力量。三是实行军事改革，组织了蒙古八旗、汉军八旗，造了不少叫做"天佑助威将军"的红衣大炮，将黑龙江流域统入后金国版图。四是进行国家机构改革，仿明朝制度，设立户、吏、礼、兵、刑、工六部，下置承政、参政、启心郎等职官，由满人、蒙古人、汉人任职，既调动了各民族的积极性，又分散了满人贵族的权力。有个名叫李佰龙的汉人参政建议，今后凡是为官的都应按班次排列入朝舞拜。皇太极觉得正合心意，马上允准，下令此后不再兄弟同受朝拜，又规定六部贝勒都要到衙门上班，不得在家办公。五是实行考试制度，选拔人才，量才录用。由此，范文程进了文馆，做了相当于内阁的官员，宁完我当上了参将。六是定服制，别尊卑。规定护军以上才能穿绸缎，其他人只能着布衣。同时规定黑狐帽、五爪龙、明黄、杏黄、金黄、紫色，非汗赏赐不得随便使用。又明令规定亲王、郡王、贝勒、贝子、公主、格格、额附等级和公文样式。

皇太极在整治内政的同时，也开始注意几个贝勒的行动。他以屠杀关内永平、迁安两地降官和军民罪，将二贝勒阿敏幽禁；以持刀上殿罪，将三贝勒莽古尔泰降级为

皇太极甲胄

此套甲胄共重约12.25千克，是乾隆朝根据皇太极的遗物重制，以缅怀祖先。

皇太极马鞍

昔日陪伴英雄的宝马已不在，但马鞍却可以留作永久的纪念。

普通贝勒，后又以图谋不轨之罪，剥夺了他对正蓝旗的领导权。另外，对大贝勒代善的权力，他也有计划地加以削弱。

多尔衮从降服的察哈尔林丹汗妻苏泰太后处得到一块刻有"制诰之宝"字样的传国玉玺，献给了皇太极。贝勒大臣们知道皇太极的心思，便商议劝进。由弘文院出面，希福、刚林等会衔上奏，说是上天默助，请汗登皇帝之位。群臣越是这样，皇太极越想拿拿架子，他要诸贝勒有个尊君的明确态度。多尔衮等贝勒便各自写了效忠信，焚香跪读，对天发誓今后要坚守臣节，效忠皇帝。这还不够，皇太极又示意让朝鲜国王也送份劝进表来，那样就显得更加光彩。

皇太极腰刀（下图）

对于一个驰骋疆场的勇士来说，精良的武器是必不可少的。该腰刀全长94厘米，钢质刀身。

国号大清，纪年崇德

天聪十年（1636）的大年初一，皇太极想排练一下君臣定位之后的威严阵势。黎明时分，他率诸王大臣出抚近门谒帝庙，入宫拜祭祖宗之后，已是辰时。回到汗殿，只有大贝勒代善坐在他的右边，先由多尔衮率多铎、岳托、阿巴泰、阿济格等贝勒向皇太极朝拜祝贺，然后是外藩蒙古诸贝勒、八旗官将、众大臣等，按部就班向皇太极进行新年朝贺。

此后，多尔衮便受命筹办登基大典。通知都已发出，边外蒙古十六国四十九贝勒的贺礼都先后送来，眼看时机已经成熟，便决定于四月十一日登基。这一天，由多尔衮主持登基大典。皇太极率领着众贝勒、大臣及蒙汉诸官员，对天宣读祝文。结束之后，他登上绣金团龙椅宝座，徐徐坐定，听左班多尔衮和硕贝勒与科尔沁土谢图济农巴达礼捧着玉玺，右班岳托和硕贝勒与额哲捧着宝册，宣读表文进上，众文武大臣行三跪九叩礼，山呼万岁。

历史文化百科

〔传国玺的真伪〕

传国玺，通常是指春秋卞和得自荆山（湖北南漳）的玉玺，由秦始皇命李斯制作的皇帝图记。它历经各朝各代，传至唐末，尔后在战乱中失踪。

皇太极得自元后裔的那块传国玺，相传系南宋亡时，在临安（浙江杭州）献给忽必烈大帝的宋王朝传国玉玺，元末妥懽帖睦尔（元顺帝）从大都（北京）出逃时携带至沙漠。顺治帝定鼎北京，紫禁城交泰殿藏有39方皇帝之玺，其中一方，就是这方刻有"受命于天，既寿永昌"的传国玺，但在乾隆十一年（1746），乾隆帝从中钦定25方可藏天子玉玺时，将此方宝玺摒除，可见，它是一方赝品。

从这一天起，皇太极被尊为宽温仁圣皇帝，建国号大清，改纪年为崇德。

大清国正式诞生了。

《岁朝图》（清·蒋廷锡绘）
清代画家蒋廷锡擅画花卉，画风自然洽和，风神生动，得恽寿平韵味。《岁朝图》描绘了新春时盛开的应时花卉和树木，全图用笔工整，造型准确，敷色鲜丽，浓淡得宜，给人以清逸秀爽、恬静润雅之感。说明画家对客观事物有细致入微的观察。

老松斜倚玉梅芳仙
子凌波雅淡粧孟常
灵芝同泰瑞泰生品
最集干祥
甲子新正御题

察哈尔妇女头饰
生活在大漠的蒙古族，常以动物皮毛为衣，金玉珠宝为饰，形成具有独特风格、并适应游牧生活的服饰特征。蒙古族至清代出现了三十余个部落，反映在服饰上，地区差异明显，尤以妇女头饰最有特色。察哈尔妇女头饰由头围箍、流穗、后帘构成。头围箍上缀嵌珊瑚、松石的镏金花座，两侧以精致的镂空蝴蝶饰（或镂花饰）连接流穗。脑后为一弯月形錾花饰片，下接由珊瑚、松石珠穿编成网状后帘，帘长及肩，十分瞩目。

康熙年制珐琅彩络丝图纹瓷盘

〇〇八

包围北京城

皇太极巧用了"蒋干盗书"之计，借崇祯帝之刀杀了袁崇焕。

明朝崇祯帝继承皇位以后，把东北的军事全权委托给了袁崇焕。这位曾经在宁远城挫败努尔哈赤的明将，对皇太极来说，当年是杀父的仇敌，而今又是自己灭明道路上的严重障碍，总想把他除掉。

三路入关逼北京

天聪三年（1629）十月，朔风袭来，已有寒意。皇太极统率数十万清兵，迂回作战，进入内蒙古地区的老哈河，安营扎寨后，他召集诸贝勒将官布置了作战任务。第一路由济尔哈朗、岳托带领，共右翼四个旗的兵力加上蒙古的一部分兵力，袭击大安口，进攻遵化城；第二路由阿巴泰、阿济格带领，共左翼四个旗兵力加上蒙古一部分兵力，从龙井关攻入；第三路是由他与代善、莽古尔泰带领的中军，攻洪山口，然后到遵化同济尔哈朗会合。他们一路斩关攻城，进展顺利。遵化守将王元雅见城被围，援兵被歼，上吊自杀。再挥师西进，蓟州明将开城投降。袁崇焕闻讯，率军驰援蓟州，皇太极不想同他决战，悄然溜走，往西直奔北京。袁崇焕获知后金兵直奔京师，心急如焚。于是，人不吃饭，马不喂草，拼命赶路，终于抢在了皇太极的前头。当他驰抵北京广渠门时，后金兵已占领了离北京只有二十里的京郊牧马厂。皇太极见袁崇焕来得如此神速，不禁倒吸一口冷气。两军展开激战，炮声震得紫禁城殿阁窗棂格格作响。整整一个上午，袁崇焕督军死战。皇太极轻骑巡视，见战场路隘且险，不利大兵团作战，不得不停止攻击。

巧妙运用反间计

皇太极见光用武力对付袁崇焕难以取胜，必须用反间计才能将他除掉。他曾用反间计假议和为名，利用袁崇焕和抗金将领毛文龙的矛盾，使袁崇焕杀了毛文龙。现在他把参将

德胜门箭楼
德胜门箭楼位于北京城北垣西侧，是明清北京内城保存至今的三座箭楼之一（另两座是正阳门箭楼和东便门箭楼）。始建于明正统二年（1437），素有"军门"之称，当时包括箭楼、门楼、瓮楼等建筑，是京师通往塞北的重要门户。

袁崇焕墓碑拓片
一块"有明袁大将军墓"墓碑，也算是给冤死之人一个慰藉。

　　鲍承先、副将高鸿中召来，附耳叮嘱，如此这般，两人领命而去。

　　还在袁崇焕统兵入蓟时，北京朝中就有说他引导后金兵进京的传闻。朝廷怕有变故，下令他不得越蓟州一步。副总兵周文郁建议屯兵张家湾，与通州后金兵相距十五里，有利于寻机作战，不宜挟重兵靠拢京师。无奈袁崇焕救京心切，竟没有采纳，对外界的谣言也毫无觉察。

　　高、鲍二人奉了皇太极密旨，回到营帐，已是深夜。他们的职责是看守牧马厂俘房的两个太监。此二人这时正躺在帐中装睡。他俩坐下，故意压低声音交谈着。一个说今日的撤军罢战是事出有因的；另一个说皇上与袁将军已有密约，二人已商量攻陷北京的计谋。他们故意装着不让太监听到，事实上正是说给他们听的。

> **历史文化百科**
>
> **〔八大王与八分公〕**
> 　　清代宗室中前期佐命元勋或建有威赫战功的八家亲王、郡王：礼亲王、睿亲王、豫亲王、肃亲王、郑亲王、庄亲王、顺承郡王、克勤郡王，享有王位累世相承，世袭罔替的殊荣。因此，这八家统称八大王，俗称铁帽子王。八分公是指努尔哈赤时所立共议国政的八个和硕贝勒。他们各置官属，凡朝会宴飨都有非常礼节，赏赐同等，所以称作八分公。

崇祯皇帝自缢图
明崇祯十七年（1644），李自成率领农民起义军攻入北京城，崇祯皇帝走投无路，逼死皇后刺伤公主后爬上景山，吊死在老槐树上。

　　次日傍晚，夜幕刚刚垂下，一个明朝降卒悄悄潜入营帐。匆匆对一个姓杨的太监招招手说："现在没人，快跟我走！"他们溜出营帐，消失在茫茫夜色之中。

崇祯帝刚愎多疑

　　崇祯帝坐在寝宫里，原本对袁崇焕拍胸脯，保证五年能恢复辽东表示怀疑，后来又对他擅自诛杀毛文龙难以理解，加上袁崇焕在宁远大

康熙年制画珐琅牡丹纹小瓶

康熙年制黄釉暗花提梁壶

捷后竟力主和议，这时正想着心事，姓杨的太监给他带来了惊人的消息。这个太监将昨夜窃听到的话一五一十报告了皇帝，使得本来就满腹狐疑的崇祯帝惊出一身冷汗，就断定是袁崇焕纵敌进京，逼朝廷订城下之盟。

体现满族人传统美德的祖宗像

满族人注重礼仪堪称典范。在满族中流传着一句话叫作"礼重孝轻"。满族人无论何时何地何缘故，长幼尊卑，祖先神灵之礼不能稍废。满族人不仅年节、喜庆、丧亡礼节繁多，平时也是"三天一小拜，五天一大拜"，家里一般都供奉祖宗牌位以及画像以示纪念。

《山水图》（清·万寿祺绘）

万寿祺（1603—1652），字年少，一字介若，入清后更名寿，字内景，儒衣僧帽，往来吴、楚间，世称万道人，自署沙门慧寿，江苏徐州人。清代画家。工诗文、篆刻，擅画山水、仕女。此图绘奇峰突兀，危壁耸天，山谷林木丰茂，屋宇楼阁错列其间。山下板桥流水，一老者策杖缓行，境界清旷。

袁崇焕被连夜从城外营中传唤进宫，只见许多大臣都聚集在那里。崇祯帝满脸阴云，一连串的斥问，弄得袁崇焕莫名其妙，脑子尚未转过来，已被几名锦衣卫拿下，剥去衣冠，随即关进天牢。

皇太极得意地笑了。因为崇祯帝终于将袁崇焕抄家斩首。他巧用"蒋干盗书"之计，成功地清除了通向北京道路上的一个巨大障碍。要不是以后清朝人把真相披露出来，袁崇焕之死恐怕要沉冤千古了。

大凌河围困战

皇太极不让降将下跪，而以抱见礼款待。

皇太极西征，必须打破宁锦防线，因此他亲自主持了大凌河围困战，在紧围打援中，歼灭明军有生力量，并取得攻占大凌河城的胜利。

筑丈余高墙，把大凌河城围困得水泄不通。皇太极采取围而不攻的战略，严令各旗坚守营垒，不得放一兵一卒出城。他自己则每天高坐城南山冈，注视城内动静。

严密的围困工事

皇太极自北京城下挥师东归后，明朝为强化宁远、锦州防线，距锦州四十五里筑大凌河城。由总兵祖大寿、副将何可纲等率军一万三千人镇守。

皇太极当然决不允许明军加固防线，就在大凌河城筑尚未完全加固时，他就亲自带领满洲八旗和蒙古兵共八万余人，来到大凌河城周边，共扎营四十五座，周围绵延五十里，环城挖掘壕沟四道，其中一道宽深各丈余，一道宽五尺、深七尺五寸；还在壕沟边

皇太极身先士卒

皇太极包围大凌河，势在必取。祖大寿、何可纲的部队也是明朝精锐。祖大寿家族是辽东世家，盘根错节，权势显赫，祖氏家兵是明朝在关外的重要支柱。皇太极懂得，如果取得祖大寿及其子弟的归附，非常有利于他在辽东政权的巩固，所以自包围后，就多次设法招降。祖大寿等多次派军出城骚扰，皇太极也只是采取赶回去策略，而不主动发起进攻。

康熙年制缂丝锦鸡牡丹纹裱片

大凌河城是兵家必争之地。明朝也多次从松山、锦州派军前来解救。皇太极坚持围城打援，还曾亲自来到第一线，一次是为断绝锦州明军对大凌河增援，他带二百亲兵脱离主力到小凌河侦察，突然与出锦州城的六千明兵相遇，皇太极毫不惊惧，率兵飞马过河，直冲明兵，明兵不知所措，掉头逃窜，皇太极直追至城下；又有一次皇太极听得明军马步四万前来解大凌河城围，亲率两翼骑兵直冲敌营，明

军挡不住，纷纷逃窜；皇太极又预先在其回路处设伏，致使四万明军几乎覆没。此次战役后，明朝再也派不出援军。

祖大寿投降

大凌河外援断绝，在围困至两个月时，军粮已尽，成百上千人饿死，城中先杀工役而食，后又杀兵丁为人肉，只有高级官员还有剩米勉强维持。

皇太极从围城开始，就写信给祖大寿劝降，他一连写了三封，词句非常恳切，但祖大寿担心降后被杀。皇太极又写信说明，说从前太祖（努尔哈赤）杀人实有其事，现在我们再也不妄杀一人，一律加以收养，我愿与你肝胆相照，苦乐与共。

《罂粟花图》（清·柳遇绘）
柳遇（生卒年不详）字仙期，吴县（今江苏苏州）人。善工笔人物和花鸟。此图以没骨法画一株罂粟花中最美的部分，线条流畅，赋色考究，十分逼真。罂粟花美而毒，可制鸦片。

山西宁武关
宁武关在今宁武县城区。始建于明代中期，为历史上著名的山西"三关"（偏关、雁门、宁武关）之一。宁武关建成于明成化三年（1467），为万里长城上的重要关隘，地势险要。

《柳塘夏雨图》（清·张宗苍绘）

张宗苍（1686—1756），字默存，又字默岑，号篁村、太湖渔人，晚称瘦竹。吴县（今江苏苏州）人。王原祁再传弟子，擅画山水，于乾隆十六年（1751）进宫供职。此图绘远山因夏雨初霁，浮霭蒸腾，近处水村柳阴，渔舟小桥，渔父披蓑执竿，一派悠闲情趣。

〔抱见礼〕

抱见礼是满族传统礼仪习俗。原系亲友久别重逢或分别时所采用的一种礼节，通常用于同辈间或长辈对晚辈，后用于君臣、同僚，被视为最高级别的礼仪。常见自《满文老档》和《建州闻见录》。行礼时，彼此抱腰接面，虽男女间也不避嫌。定鼎北京后，君臣和同僚间多不采用此礼，但家族间仍有，乾隆中期后，渐为作揖、执手礼等替代。

《仿王维江山雪霁图》（清·王时敏绘）

王时敏（1592—1680），字逊之，号烟客、西庐老人，晚号西田主人、归村老农。江苏太仓人。出身仕宦家庭，一生不仕。寄情诗文书画，家藏历代法书名画甚多，反复观摹，并曾得到董其昌等人的指点。擅山水，专师黄公望，笔墨含蓄，苍润松秀，浑厚清逸，然构图较少变化。其画在清代影响极大，王翚、吴历及其孙王原祁均得其亲授。与王鉴、王翚、王原祁并称四王。此图作于戊申（1668），画家时年七十七岁。

祖大寿开始仍没有理睬，又拖了一个月，城内已出现兵民相食的窘境，他才派儿子祖可法为人质，出城献降。祖可法刚进敌帐，要下跪施拜，济尔哈朗、岳托当即起立扶住，不让他下跪，两人并回拜以满族的抱见礼。还说："前次我们对垒是仇敌，现在讲和就是兄弟，何必跪拜？"又问，"你们死守空城是何意？"祖可法说："因为怕屠杀降人，所以迟疑。"岳托再次重申这是过去的事，与今汗无关。这样经过往来谈判，祖大寿决定投降，当时在场的只有何可纲坚决反对投降，祖大寿将其逮捕，架出城外，当着后金将士的面斩首。何可纲从容不迫，也不说话，含笑而死。

公元1647年

中国大事记	大清律成，达赖、班禅献方物。

清前期皇帝个人档案

庙号	谥号	姓名	在位时间	主要功绩	年号	皇陵
太祖	承天广运圣德神功肇纪立极仁孝睿武端毅钦安弘文定业高皇帝	爱新觉罗努尔哈赤	1616—1626	统一女真各部，创建八旗制度，并命人创造满文。建立后金国。天命三年（1618）以"七大恨"誓师攻明。天命十年（1625）迁都沈阳。	天命，1616—1626	福陵
太宗	应天兴国弘德彰武宽温仁圣睿孝敬敏昭定隆道显功文皇帝	爱新觉罗皇太极	1627—1643	统一整个东北，并南下朝鲜，西征蒙古，屡挫大明官兵。天聪十年（1636）四月，改称帝号，建立起关东一统的大清帝国，将族名改称"满洲"。	天聪，1627—1636；崇德，1636—1643	昭陵
世祖	体天隆运定统建极英睿钦文显武大德弘功至仁纯孝章皇帝	爱新觉罗福临	1644—1661	吸收先进的汉文化，审时度势，对成法祖制有所更张，倚重汉官。警惕宦官朋党为祸，重视整饬吏治，注意与民休息，取之有节。	顺治，1644—1661	孝陵
圣祖	合天弘运文武睿哲恭俭宽裕孝敬诚信功德大成仁皇帝	爱新觉罗玄烨	1662—1722	清除鳌拜，撤除三藩，统一台湾，平定准噶尔叛乱。慎选人才，表彰清官，修治河道，注意笼络汉族知识分子。	康熙，1662—1722	景陵
世宗	敬天昌运建中表正文武英明宽仁信毅睿圣大孝至诚宪皇帝	爱新觉罗胤禛	1723—1735	有步骤地进行多项重大改革，励精图治，十三年中取得了卓有成效的业绩，为后代的乾隆打下了扎实雄厚的基础。	雍正，1723—1735	泰陵
高宗	法天隆运至诚先觉体元立极敷文奋武钦明孝慈神圣纯皇帝	爱新觉罗弘历	1736—1795	实行宽猛互济的政策，务实足国，重视农桑，停止捐纳，平定叛乱。勤政爱民，足迹遍布大江南北。	乾隆，1736—1795	裕陵
仁宗	受天兴运敷化绥猷崇文经武孝恭勤俭端敏英哲睿皇帝	爱新觉罗颙琰	1796—1820	勤政图治，采取的一系列政策、措施，对于改变乾隆后期的种种弊政起了一定的作用。	嘉庆，1796—1820	昌陵
宣宗	效天符运立中体正至文圣武智勇仁慈俭勤孝敏宽定成皇帝	爱新觉罗旻宁	1821—1850	以俭德著称，力图禁烟，也想抗击外来侵略者，但平素无知人之明，临危无应变之策。	道光，1821—1850	慕陵

当晚，祖大寿出降，皇太极派诸贝勒出营一里迎接，自己出幄外迎接，不让祖大寿下跪，而以抱见礼款待，请他先入幄，祖谦让，两人并肩进幄，皇太极还亲自捧金卮酌酒与祖，赏赐自己穿用的黑狐帽、貂裘等。祖大寿感激流涕，但他表示妻子留在锦州，请求回去设计智取锦州，皇太极当即同意。但祖大寿一去不归。皇太极仍厚待祖可法等祖氏子弟，十年后，祖大寿在锦州城破时再次投降，被押解到盛京。当时许多大臣要求处死他，但皇太极却非常大度，表示不改初衷，耐心等待了他十余年，使祖大寿深为感动，终于诚心诚意归顺。 〉盛巽昌

世界大事记

英下院通过"新模范军法案"。克伦威尔又败国王军，获得决定胜利。

《清太宗实录卷五七》
《啸亭杂录》

皇太极　洪承畴　识才

皇太极　洪承畴

人物　关键词　故事来源

洪承畴投降

皇太极笑着说："比如赶路，你们都是瞎子，现在寻到一个引路人，我怎么不快乐呢！"

皇太极要入主中原，就要广揽汉官中的优秀人才，他特别需要像洪承畴那样的安邦治国的人才。

皇太极运筹
定下锦州决战方针

皇太极征服朝鲜、蒙古，又夺得大凌河城以后，辽西的军事重镇锦州，就暴露在清兵面前了。这是明朝山海关外具有重要战略地位的前哨阵地。锦州城固

洪承畴画像

洪承畴（1593—1665），字彦演，号亨九，福建南安人。万历进士。崇祯时任兵部尚书，崇祯十四年（1641）明清又发生规模巨大的松山之战。在战斗中，蓟辽总督洪承畴率吴三桂等八总兵，领兵十三万援助祖大寿，后兵败被俘。崇祯十五年（1642），洪承畴投降清朝。历任兵部尚书兼副右都御史、翰林弘文院大学士等要职。

兵精。正南十八里有松山城，松山偏西南十八里有杏山城，杏山西南二十里有塔山城，像羽翼一样护卫着锦州城，一百二十里外的宁远城更是其坚强后盾。皇太极千方百计想要攻取锦州，打破明军锦、宁、山海关防线已非一朝一夕。

皇太极全力取锦州的军事决策，完全符合当时明清战争的态势。这是他进取北京，争夺明朝天下的必由之路。因此，松锦之战也就成了萨尔浒决战后的第二次战略决战。经过精心策划，皇太极首先派精兵良将开往义州筑城屯田，建立战略基地。接着下令前沿部队不断对宁、锦明军进行骚扰，破坏他们的屯养战。同时，大量战备物资不断向义州输送，还赶造了六十门红衣大炮。最后，皇太极便开始了清除锦州外围明军哨所，抢收明兵屯种庄稼，严密围困锦州孤城的计划。

这时，明朝的蓟辽总督是洪承畴。洪承畴是福建泉州府南安县人，万历进士。此人很会用兵，被任命

洪承畴祠原址

洪承畴祠原址是现存于北京的颇有争议的名人故居之一。位于东城南锣鼓巷59号，为清早期建筑，被确认为洪承畴故居。但院内仅存北房三间。据居住在院内的住户世代相传，洪承畴住宅的大门原来在方砖厂胡同路北，门面很壮观，门外还有两个很大的铜狮子，院内的房子很多，而这里只是洪承畴的祠堂。

清代使用驿站的信物——满文信牌

与明代驿符功能一样，满文信牌是清代使用驿站的信物。清代驿道系统分为三等。第一是以北京为中心的"官马大道"；第二是以省城为中心的"大路"；第三是通过各个市镇的"小路"。在各驿道的重要地点设驿站，以保证朝廷文书按时到达，而皇太极时期使用这些驿站的信物就是满文信牌。

为兵部尚书兼右副都御史。针对清军的部署，他向皇帝陈说："光守无用，必须守战相兼，战必出奇制胜，方能达到以战为守的目的。"他的意见获得朝廷支持，

传递军机大事紧急文书的凭证：兵部火票

兵部火票是传递军机大事紧急文书的凭证，也是驿道系统使用的凭证之一。因为事关重大，要求"马上飞递"，沿途州县驿递官吏按照规矩必须派驿使星夜兼程，及时送达目的地，违反的人将被处以重罪。

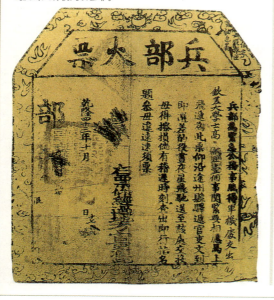

雄伟的岱庙坊

泰山岱庙坊，又名玲珑坊，清康熙年间山东布政使施天裔重修岱庙时创建。岱庙坊是石作的，重梁四柱，通体浮雕，造型雄伟，雕工精细，是清代石雕建筑的珍品。坊前后抱鼓石上各有圆雕蹲狮两对，姿态各异，生动活泼。

于是受命出关，率领吴三桂等八个总兵、十三万人马驰援锦州。他采取步步为营、稳扎稳打的策略，由于指挥得当，还几次打败多尔衮和阿济格的部队，开始解除清军对锦州的威胁。

宁锦防线对明清双方来说都是影响前途命运的关键。皇太极得到明军增援的消息，立即亲自统率精锐部队从盛京赶到前线，驻扎在松山、杏山之间，一方面阻隔松、杏间明军的联系，一方面断绝洪承畴的归路，同时不断派兵骚扰抢粮。崇祯皇帝经不住新上任的兵部尚书陈新甲等速战速决的煽惑，指责洪承畴的办法是旷日持久，虚耗钱粮，督促他进兵，打乱了洪承畴持久战守的阵脚。毫无打大仗准备的洪承畴被迫部署松山决战。这着棋实际上早已为清军中的汉官石廷柱所料到。结果，明军被切断通道，后方粮饷全

春山暖翠
仿用僧孙波
骨国素

《春山暖翠图》（清·恽寿平绘）
此图画明媚春山景色：远处云漫山麓，晴岚覆翠，近处桃红柳绿，清波相映。色彩绚丽，春意盎然，别有一番清雅灵秀的韵致。

失，在逃跑中惨败，丢弃马匹甲胄数以万计，海中浮尸漂荡多如雁鹭，军心涣散，再无斗志。副将夏承德眼看战既无力，也无突围希望，约期内应，于是松山城破，洪承畴被清兵生擒。松山破后，锦州军心瓦解，朝廷再也无力援救，也就沦落，接着八旗精骑又攻陷塔山、杏山。至此，关外四座重镇全陷。

叩头请降

皇太极得到捷报后，立刻下令，将被俘的洪承畴、祖大寿解送沈阳，其余官员二百余人，连同所部士兵三千余人悉数处斩，只有夏承德部属获免。

洪承畴被擒之后，毫无惧色，誓死不降。至于后来怎么会背明降清的，说法不一。

一种说法是，洪承畴被押到盛京，皇太极亲自看他，见他蓬头跣足，便解下自己身上的貂装给他披

上。洪承畴对皇太极看了很久，大受感动，说："真命世之主也。"于是叩头请降。另一种说法是皇太极派范文程去劝降，洪承畴不但不降，还大骂不止。这时屋梁上落下一点尘土，恰巧落在洪承畴的衣服上，洪承畴就用手去掸尘土。范文程立刻向皇太极报告说："承畴必不想死。他连衣服都十分珍惜，何况生命。"于是皇太极便亲自去看他，才了解衣披衣的故事。

松锦一役，明朝苦心经营的宁锦防线彻底崩溃，终使皇太极踌躇满志地说："北京从此唾手可得了！"

寻到引路人

皇太极为招降洪承畴呕心沥血，洪承畴降后，他高兴得不得了，当天就厚加赏赐，还在宫中陈百戏以示庆贺。满洲贵族们很不高兴，都认为太过分了，说：洪承畴不过是个囚犯，皇上为何这样优待？皇太极说：我们这些人栉风沐雨，究竟为了什么？众人说：想取得中原花花世界啊！皇太极笑了，说："比如赶路，你们都是瞎子，现在寻到一个引路人，我怎么不快乐呢！"大家听了，这才表示心悦诚服。

> **历史文化百科**

〔废除"三饷"〕

"三饷"是晚明王朝在正赋外加派给百姓的赋税，即辽饷、剿饷和练饷。辽饷是对付后金（清）的追加军费；剿饷是对付李自成等农民军的军费；练饷用作追加的军队训练费用。

顺治元年（1644）七月，多尔衮向全国公布明令废除"三饷"。并称，如有官吏混征暗派者，一经发现，必杀无赦。

皇太极和蒙汉八旗

皇太极创建蒙汉八旗，完善、强化了八旗制度。它贯串了王朝二百六十多年，建构了有清一代最为别致的一道风景线。

为核心的满洲八旗

努尔哈赤创建八旗，开始是借用军队旗帜色彩为记，定为黄、白、红、蓝四旗。在万历二十九年（1601），开始组建四旗。万历四十四年（1616），他统一了女真各部，成员大为扩充，四旗也就扩编为八旗，定为正黄、正白、正红、正蓝、镶黄、镶白、镶红和镶蓝等旗。

八旗的基本成员是满族，所以称满洲八旗。努尔哈赤是八旗的总旗主，又是两黄旗的和硕贝勒，其余各旗也是他的兄弟子侄。皇太极只是在他的大兄、努尔哈赤长子褚英被黜后，接管他所统辖的正白

旗，才成为和硕贝勒的；后来做了皇帝，他又直辖两黄旗，这就是此后由大清皇帝直辖的"上三旗"。

努尔哈赤的八旗制度，是以旗统兵、兵民合一的组织形式，家属亦随男丁入旗，出则备战，入则务农；在旗的当然主要是满族，但也有归附的蒙古族和汉族。努尔哈赤对于汉人是有政策的，凡投诚、投降的，编为民户，可以在旗，而对于俘虏，就分赐与八旗将士为奴隶。

创建蒙古八旗

蒙古八旗是蒙古族组成的。早在后金进入辽阳、沈阳时，因有蒙古军归附，就单独编为牛录，称蒙古军，但因人数少，隶属于满洲八旗。

天聪三年（1629），皇太极因蒙古军不断递增，遂以蒙古军为基础，扩编蒙古二旗，设固山额真。天聪九年（1635），蒙古二旗扩充为蒙古八旗。它的旗色和建制完全参照了满洲八旗。

镶黄旗旗帜（上图）
努尔哈赤在牛录制基础上建立了八旗，八旗为黄、白、红、蓝、镶黄、镶白、镶红、镶蓝。八旗的旗帜也有一定规格，即按旗帜的颜色划分为相应的八个军事单位，按方位分旗色，每个旗帜均为两幅，长二尺，高一丈八尺，旗杆用木料或竹子制成。镶黄旗为北方，是汗（大汗）旗。

正黄旗旗帜（下图）
正黄旗旗帜方位在北方，亦属汗旗。

世界大事记

俄国探险家发现白令海峡。威斯斐里亚条约签订，公认瑞士为独立地区。

《清太宗实录》
《啸亭杂录》
谋略　法制
皇太极

人物　关键词　故事来源

镶白旗旗帜

镶白旗旗帜方位在东方，是贝勒旗。

正白旗旗帜

正白旗旗帜方位在东方，是贝勒旗。

镶红旗旗帜

镶红旗旗帜方位在西方，是贝勒旗。

正红旗旗帜

正红旗旗帜方位在西方，是贝勒旗。

汉军新设标志

天聪七年（1633），皇太极得知山东登州兵变的孔有德、耿仲明率军民万余人，在辗转战斗三年后，携新式枪炮、乘几百艘船航海来降，大为兴奋；在他们刚要登岸

时，就决定送骏马奖励，并带头拿出自己乘用的良驹，命各贝勒分别送出上等带鞍马一匹，不带鞍马四匹，共四十匹，满、蒙、汉官员按职务每人备御出马一匹，约计百匹，命重臣范文程等在迎候时送上。当孔有德到达沈阳城郊时，皇太极率诸贝勒出城十里迎接，并以抱见礼接见。

镶蓝旗旗帜
镶蓝旗旗帜方位在南方，是贝勒旗。

在孔有德归附后，皇太极仍让他们按原建制统帅，他把孔、耿部命名为"天佑军"，旗纛为"白镶皂"；由广鹿岛来归的明副将尚可喜部命名为"天助军"，旗纛为"皂旗中用白圆心"。后来又规定孔、耿上朝，与八旗和硕贝勒同列一班。它实际上标志了新设两旗汉军。

康熙年制釉里红团花纹水丞

正蓝旗旗帜
正蓝旗旗帜方位在南方，是贝勒旗。

完善汉军八旗

孔有德等汉军归降得到与满洲八旗同等权益，更无歧视，致使斗志昂扬，勇于拼命。皇太极对此看得相当清楚，决意打破民族界限，单独设立汉军。天聪七年（1633），他命从分隶于满洲八旗的汉人中，每十名抽一名披甲入伍，共得一千五百八十人，组成用黑旗为标志的一旗汉兵，由此开始了建汉军八旗。

> **历史文化百科**

〔皇太极重视汉文翻译〕

天聪三年（1629），皇太极设立文馆，命达海主持翻译汉字书籍，至天聪六年（1632），已译出《明会典》、《三略》等书。后达海病死，未完成译作《资治通鉴》、《六韬》、《孟子》、《三国志》及《大乘经》等书，仍继续进行。顺治七年（1650），由大学士范文程主译《三国演义》完竣。相传顺治帝将此书颁发大臣阅读，满洲贵族不识汉文者，多从此获得道理，学习兵法，为朝廷尽忠。

公元1649年

公元 1 6 4 9 年

世
界
大
事
记

英处死查理一世，宣布为一院制共和
国。法贵族掀起新投石党运动。俄哈
巴罗夫率"志愿军"侵犯黑龙江。

满洲八旗旗主乃世袭；汉军八旗由皇帝任命、安排。它由皇帝直接管辖，这样大大削弱了满洲诸和硕贝勒的权力，而满洲八旗也失去一家独尊的坐标。皇太极强化了皇权，他真个是聪明人。

同年八月，孔有德等三人联名请求以所部归汉军旗，获得同意，命归并汉军兵少之旗，于是孔有德部归属汉军正红旗，耿仲明部归属汉军镶蓝旗，尚可喜部归属汉军正黄旗。

清军入关后，为强化汉军八旗，亦将归降的明朝和李自成、张献忠部的将帅纳入汉军八旗，如许

崇德七年（1642）六月，经十年调整、扩充，汉军已由一旗、二旗扩充至四旗，此时又改编为八旗。它的旗色、名称、官制全如满洲八旗，所不同的是，定国隶汉军镶白旗，刘良佐隶汉军镶黄旗，孙可望、白文选隶汉军正白旗；台湾郑克塽隶汉军正红旗。 〉盛巽昌

河北省迁西县喜峰口长城（上图）

○一二

拥戴福临做皇帝

多尔衮虽没当上皇帝，但掌握了全国军政实权。

崇德八年（1643）中秋节前的一个夜间，皇太极突发中风，暴死于清宁宫。

诸贝勒争夺大宝

章京敦达里和安达里愿意以身殉主，他们问诸王贝勒："我们见到先帝，若问起后事如何安排，该怎样回答呢？"诸王贝勒面面相觑，好一会才回答说："先帝在天之灵定会垂鉴保佑，我等当实心

顺治帝半身朝服像

顺治皇帝（1638—1661），即清世祖爱新觉罗福临，皇太极第九子。1643年，皇太极暴死，六岁的福临即位，由叔父多尔衮、济尔哈朗摄政。顺治元年（1644）入关，击败李自成农民军，迁都北京。整饬吏治，镇压反清势力。二十四岁病死。

辅理大政，以继先帝肇兴鸿业。"

诸王贝勒究竟辅理谁呢？也就是说谁来继承皇位呢？谁也没说，看来一场争夺战在所难免。

诸王贝勒中，最令人摸不透的是多尔衮兄弟，当年他们也是努尔哈赤的宠儿。如今，多尔衮已经挣到和硕睿亲王的地位，在六王之中名列第三。他的两个勇猛善战的兄弟阿济格与多铎不止一次地劝他说："我们都盼着你即位！"

多尔衮与豪格争斗

得知第二天要在崇政殿召开立新君会议，多尔衮彻夜难眠。他想，如果这次在皇位继承问题上发生冲突，八旗的实力肯定会受到损失，那么，努尔哈赤和皇太极进关灭明的宏愿就难以实现了。所以，第二天天一亮，他就急匆匆赶到宫中的三官庙去找索尼，想搭一搭两黄旗的脉搏。不料，索尼直截了当地把他碰

顺治通宝

清世祖顺治元年（1644），工部置宝源局，户部置宝泉局，开铸制（平）钱，钱文楷书"顺治通宝"。

>历史文化百科<

〔摄政〕

清代皇帝继位年幼，不可能行使最高权力时，选择亲属中与他血缘最近，又具有声望和地位的人，代理皇帝行使权力，称为摄政。

庄妃朝服像

庄妃博尔济吉特氏,本是蒙古科尔沁贝勒寨桑之女,清太祖努尔哈赤天命十年二月,十二岁的她,嫁给了比她大二十岁的亲姑夫皇太极为侧室福晋。崇德元年七月初十日,被册为永福宫庄妃。去世后谥号"孝庄文皇后"。

了回去,他说:"先帝不是有许多皇子吗?挑一个出来就是了。"

皇太极共有十一个儿子,这时还剩下七个。其他的不说,长子豪格十分了得。他凭着自己的文韬武略

已经争得和硕肃亲王的地位,皇太极生前专权,给他剪除了不少竞争对手。这些天来,图尔格、索尼、图赖、锡翰、巩阿岱、鳌拜、谭泰、塔瞻等人都竭力怂恿他,要他力争这个皇位。豪格也不推让,派何洛会、杨善二人去见济尔哈朗,对他说:"两黄旗大臣决定立肃亲王为君。这事还得与你商量一下。"

济尔哈朗是努尔哈赤的侄子,皇太极让他当了镶蓝旗旗主,还封他坐了六亲王中的第二把交椅。所以豪格不得不争取他的支持。他听了何、杨二人的话,沉吟了一下说:"我这里没有什么问题。只是要看多尔衮如何呢。"显然,多尔衮的态度是举足轻重的。

《昭陵图》(清·佚名)
昭陵是清太宗皇太极和皇后博尔济吉特氏的陵墓。在辽宁省沈阳市旧城之北,又称北陵。是清代关外三陵中规模最大的一座。

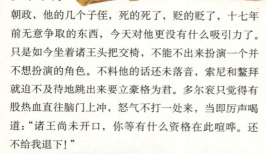

清太宗文皇帝谥册

谥册为后世皇帝为先帝上尊谥时所制。清太宗文皇帝谥"应天兴国弘德彰武宽温仁圣睿孝敬敏昭定隆道显功文皇帝"。

果然，这边多尔衮刚坐定，那边索尼、图赖、鳌拜等两黄旗大臣就闯进崇政殿来，一个个手扶剑柄，虎视眈眈，都把眼睛望着他。

资格最老的和硕兄礼亲王代善宣布开会。代善已年过花甲，多年不问朝政，他的几个子侄，死的死了，贬的贬了，十七年前无意争取的东西，今天对他更没有什么吸引力了。只是如今坐着诸王头把交椅，不能不出来扮演一个并不想扮演的角色。不料他的话还未落音，索尼和鳌拜就迫不及待地跳出来要立豪格为君。多尔衮只觉得有股热血直往脑门上冲，怒气不打一处来，当即厉声喝道："诸王尚未开口，你等有什么资格在此喧哗。还不给我退下！"

索尼和鳌拜悻悻地退下。多尔衮的弟兄和硕豫亲王多铎与多罗武英郡王阿济格这时发话推举多尔衮继位。多铎甚至说："假如你不想当，我就当。因为我的名字曾经列在太祖的遗诏之中。"多尔衮大声道："太祖遗诏中也提到过肃亲王的名字，不只是你一个！"多铎便说："那就立礼亲王，他年纪最大。"

代善原不想掺和进去，现在见弄

多尔衮像

到自己头上，只好开口了，他说："如果睿亲王同意即位，那是国家之福。不然的话，肃亲王也可以，他是先帝长子。我年老力衰，就免了罢。"说完，就走出会场。

豪格也故作姿态地谦让说："我德薄福小，哪里敢担此大任。"说罢也退席而去。两黄旗大臣知道这是给他们创造武力威胁的机会，于是按剑向前，声称："今天若不立先帝之子，我们宁可从先帝于地下！"

寻找平衡，福临继位

崇政殿只留下多尔衮、多铎、济尔哈朗和手持利刃的两黄旗大臣，气氛十分紧张。多尔衮说："各位说得很对，先帝对于我等恩重如山，自然须立先帝之子。刚才肃亲王已经谦让退出，既然如此，就索性立福临罢。福临幼小，大家都应全力相助。礼亲王年迈不愿管事，那么郑亲王济尔哈朗和我只好勉为其难，左右辅政，共管八旗事务。等幼主长大归政就是了。"

多尔衮这番出人意料的话，顿时平息了一触即发的一场喋血风波。两黄旗大臣们保全了皇家之旗的政治地位，济尔哈朗白捡了个辅政王。多尔衮虽没当上皇帝，但掌握了全国军政实权。只有想以退席相威胁的豪格弄巧成拙，后悔莫及。

年方六岁的福临莫名其妙地被拥上了皇帝的宝座。他就是清朝进入中原的第一个统治者——顺治皇帝。

金山岭长城（右页图）

金山岭长城为明代军事防御工程，曾为抵御后金的侵入起到重要的作用。也是中国现存长城保存较完好的一段。

金山岭长城

多尔衮进关

清军早就想占据北京，号令天下，只是有宁远、山海关险阻。吴三桂请兵，正是给多尔衮带来一个天大的惊喜。

千载难逢好机遇

皇太极死后一个月，多尔衮按既定方针，指挥八旗主力，夺取了宁远附近的三个要塞，山海关外只剩下了新近为崇祯帝所封平西伯的山海关总兵吴三桂据守的宁远城。

1644年三月，多尔衮得到情报，说是吴三桂主动放弃了宁远城，率二十万军民撤退；他不知当时李自成农民军已分军两路从西北和南面进逼北京，下意识地感觉吴三桂撤退，必然是北京发生了重大危险，于是决定于四月初大军进讨明朝。正在这时候，传来了李自成攻占北京的消息。刚要出征时，大学士范文程上书，此次进关是千载难逢的好机遇，成功在此一举。他提出必须严禁军卒、秋毫无犯，笼络人心。如

想统一天下，非安定百姓不可。多尔衮完全采纳，付诸实施。

七日后，多尔衮举行出师仪式，因为顺治帝只有六岁，授权与他"代统大军，往定中原"。这是一次自后金（清）建国以来最大规模的出师，主力有十万将士；凡是七十岁以下、十岁以上的男子均从戎出征。

清军仍打算按皇太极攻袭北京的旧路，由遵化等地破长城进关。

吴三桂援京未成

李自成农民军占领北京后，当时北中国明朝建制完整的精锐部队，就只有吴三桂一支了。

当时的山海关总兵吴三桂，祖籍江苏高邮，后迁辽东。父亲吴襄是崇祯初年的锦州总兵。吴三桂以武举得到功名，靠着父亲的背景，先当都指挥使，再升为总兵。吴家在辽东有十余处田庄，生活十分富裕。

天下第一关——山海关城门楼
山海关坐落于河北秦皇岛东北，地处要冲，是中国华北与东北交通必经关隘，又是长城的第一关口，历来为兵家必争之地。

公元1652年

世界大事记

英、荷因商业和航海竞争多次在海上战争。

《清史稿·多尔衮传》计六奇《明季北略》

多尔衮 吴三桂 李自成　谋略　胸怀

人物 关键词 故事来源

陈圆圆像

陈圆圆，名沅，字畹芬，原籍苏州。在姑苏一带很有艳名，吴三桂妾。后圆圆为李自成部将刘宗敏所获，禁于官中。此为吴三桂请清兵入关的原因之一。

皇太极围困锦州时，洪承畴统领大军支援。吴三桂当时是八总兵之一，算得上是个能打仗的将军。然而，正当松山战事紧急之时，他却从前线溜掉，经杏山逃到宁远。为此，崇祯帝一怒下诏将他降了三级，留守宁远。不久，崇祯帝想利用他在宁远的兵马镇压李自成起义，又改口说他抗清有功，封了他一个平西伯，把他在长山战役抗清不力而被关在牢里的老子吴襄也放了出来，任为提督京营，同时命令吴三桂放弃宁远，率部进京对抗李自成。

镶黄旗盔甲

清代八旗兵除常服外，主要有甲青，甲有明甲、暗甲、绵甲、铁甲等，皆上衣下裳式，上衣左右有护肩，护肩下有护腋，末端谓之袖，裳间有前裆、左裆。青以革、铁制成，其上又有管、枪，周围垂貂尾、獭尾、朱牦、雕翎等。护项垂后，左右垂护耳，领下有护颈。镶黄旗盔甲为明黄底镶红，盔甲色亦相同。

吴三桂从二十万军民中挑了一些步骑先行入关，自己统率精锐随后而来。当他进关后四天，率军到达丰润时，李自成的农民起义军已在一天前攻入北京，吴三桂就不再向北京推进。回军山海关，以观变化。

李自成感到吴三桂是支力量，想招他归顺，抵制清兵的南侵。因此，他们在捉到吴襄以后，叫吴襄给吴三桂写劝降信，再派人给吴三桂送去四万两银子。

吴三桂决意开关

处在大顺和清朝两个政权十字路口的吴三桂，举棋不定。李自成在北京实行的追赃、抄家政策，使已降的明王朝文武及其部属都很难幸免。吴三桂的父亲被抓，家产被抄，李自成还要搞什么"均田免粮"。特别是他的爱妾陈圆圆被李自成部将刘宗敏掳去，

正黄旗盔甲

正黄旗盔甲底为暗黄底。

> 历史文化百科

〔清代地方行政体制〕

清代把长城以南大陆划分为十八省，即除原来明初之十三省外，北直隶改为直隶省，南直隶改为江南省，湖广分为湖南、湖北两省，共十八省。其他地区分别设将军、都统、大臣管辖，原不置省，清末，把原奉天、吉林、黑龙江三将军辖区改为省，俗称东三省，原福建省的台湾道升格为台湾省，原伊犁将军辖区改为新疆省。这样，全国共有二十三省。相当于省的地区还有察哈尔、热河（均设都统管辖）、绥远（设将军）、青海、西藏（均设办事大臣管辖）和内、外蒙古。

镶白旗盔甲（左图）及正白旗盔甲（右图）
清镶白旗盔甲，为白色底加红镶边。正白旗甲及盔护项、护耳、护领均为白色。

镶蓝旗盔甲（左图）及正蓝旗盔甲（右图）
镶蓝旗盔甲，为蓝底镶红边，盔的护项、护耳、护领均为镶红色。正蓝旗盔甲，甲、护项、护耳、护领均为蓝色。

镶红旗盔甲（左图）及正红旗盔甲（右图）
镶红旗盔甲，为红底镶白边。正红旗盔甲，为红甲、盔的护项、护耳、护领均为红色。此盔甲因时间久，红色有些褪色。

更使他激愤难平。吴三桂忍不了这口气。他给父亲写了一封回信，信中说："父亲既不能做大明忠臣，就别怪我不能做孝子了。"

敞开山海关大门

吴三桂终于作出抉择，他一面派副将杨坤和游击郭云龙去联络清军，这时清军已兵至翁后（今辽宁北宁）；一面给多尔衮写了一封信，信中说："我欲兴师报答君恩，无奈地小兵寡，乞与大王联合。待消灭李自成后，答谢北朝的不仅是财帛，还可以割让土地。"多尔衮马上给他回信说："齐桓公不记前仇，用管仲为仲父。你过去虽与我为敌，但今如能率众来归，非但能报国仇，保全自己身家性命，还能晋爵封王，荣华富贵。"这时的吴三桂，已经铁了心，自然答应了多尔衮的条件，打开山海关的大门。清军就这样兵不血刃地进入了山海关，直指北京城。

公元1653年　公元 1 6 5 3 年　＞

世界大事记　英克伦威尔解散国会，自称"护国主"。

《清史稿·多尔衮传》

多尔衮　福临　壮志

人物　关键词　故事来源

〇一四

多尔衮进入北京以后，成了大忙人。他要在短期之内整顿治安，而后给崇祯帝发丧，收拾人心。接着便是力排众议，筹划迁都，迎接顺治帝。

定鼎北京

多尔衮的高瞻远瞩和绝对权威，终于决定了大清国都。

多尔衮进关入京

年幼的福临在盛京即位当皇帝后，多尔衮便是执掌军政大权的摄政王，他的雄才大略终于有了用武之地。当他得报大明王朝被闯王李自成的农民军推翻，不禁大喜过望，拍案而起，说："真乃天助我也！"马上同文臣武将们商讨对策，然后统领八旗精锐跃马扬鞭，进入中原。

北京一场少有的大雨，浇灭了李自成撤出时所放的熊熊烈火。建筑物断垣残壁处，还在冒着白色的烟气。一阵马蹄声响过，等候在朝阳门外预备迎接吴三桂奉太子回归的官员，这才发现眼前尽是清一色的八旗兵马。于是，接太子的车辇坐上了大清摄政王多尔衮，神采飞扬地进了北京城。

当时阿济格等亲王贝勒，竭力主张在掠夺北京后，返回盛京，而多尔衮遵循皇太极遗言，坚持必须迁都北京，以便统一中国。他的高瞻远瞩和绝对权威终于决定了大清国都设在北京。

福临在北京再次登基

八月二十日这天，比原定的时间晚了五天，孝庄皇太后、福临和盛京清宫诸王贵胄们率领八旗人等终于起程迁都。九月十九日上午，一干人马到达北京。

紫禁城内最为高大壮丽的门——皇极门
皇极门是明朝宫殿的主体宁寿宫、皇极殿（即奉天殿，清太和殿）这一组宫殿建筑的入口。顺治二年（1645），改名太和门。现今的太和门为光绪十五年（1889）重建。这是紫禁城内最为高大壮丽的门。皇极门建在汉白玉砌成的三层平台上，平台四周有栏杆围绕。皇极门九楹三门，重檐。门前是一个方形广场，广场正中是一条专供皇帝使用的白玉石御路。广场前部横贯金水河，曲折有致，形似玉带，也叫玉带河。河上跨汉白玉单拱金水桥五座。沿河两岸围绕着汉白玉雕琢的栏杆。

下午帝后们从正阳门入宫。多尔衮让旅途劳顿的小皇帝休息数日后，便带着诸王及满汉大臣上表，要求福临仰承天意，敬登大宝。

多尔衮一面代表满汉臣子们向皇帝上奏表，一面代表皇帝向大臣们批文发旨意。登基盛典的制礼作乐奉先改历等一切事务，他都要亲自过问定夺，既要承袭前朝礼制，又要有所创新，千万不能闹出笑话，贻笑后世。努尔哈赤、皇太极生前的宿愿如今在他手中实现了，要把他们的神主灵位奉安在北京太庙。新的

天坛祈年殿

祈年殿建于明永乐十八年（1420）原名大祀殿、大享殿，位于天坛北半部。殿下部为汉白玉砌筑的圆形三层坛体，殿圆形，乃因天圆，瓦蓝色，象征蓝天。殿内支柱的数目，亦按天象设计。清王朝建立后，在此举行祈谷礼。光绪十五年（1889）八月二十四日，祈年殿不幸被雷电击中，焚烧后重建。

位于北京的太庙

太庙始建于明永乐十八年（1420），是明清两代皇家的祖庙，庙内供奉着各代皇帝的神主牌位。庙呈南北长方形，总面积约14万平方米。建筑布局对称。共有三道围墙，全部为红墙身黄琉璃瓦顶。庙内主要建筑有戟门、前殿、中殿、后殿，另有东西配殿、宰牲亭、治牲房、井亭等建筑。明清两代每逢皇帝登基，或有亲政、大婚、上尊号徽号、万寿、册立、凯旋、献俘，奉安梓官，每年四季及岁暮大袷等等，均需告祭太庙。

时宪历也已经确定，将通告天下，明年（1645）一律启用顺治二年新历。

加封多尔衮摄政王

十月初一日清晨，旭日初升，福临坐着车辇，率领诸亲王与文武百官在仪仗队的开道下，前往南郊天坛。在庄严肃穆的乐曲声中，福临在监护人的摆布下，完成了向上苍上香、行礼、献玉帛、献爵、读祝文等多项礼仪，受了天命，龙袍加身，算是当了正宗的皇帝。

当文武大臣列班向小皇帝行三跪九叩大礼时，心情最复杂、最不平静的要数率班的多尔衮了。今日庄严隆重的迁都

故宫全景
故宫始建于明永乐四年 (1406)，为明清两代皇宫。

箭亭
清朝皇族尚武，箭亭是皇家的习武之地。清朝顺治四年 (1647) 初建，当时该殿名曰射殿，后来才改为箭亭。

盛典，是他威赫功勋的里程碑，可他却不能坐这个天下，还要向自己六岁的侄儿俯首称臣。今日的盛况，仅表示着大清入主中原兴邦建国的开始，以后更艰难的局面还得靠他用铁骑去打开，真是任重而道远。

他早就想好，虽然已经吃亏了，但是不能吃得太大，这大清朝的历史也得给自己记上一笔，而且是与众大不相同的一笔。论功封赏仪式是庆典中最实惠的利益分配，同样显得庄严隆重。多尔衮已经对礼部明确指示要拉开差距。公文早已做好，只要照本宣科。他被封为叔父摄政王，长长的册文记述了他的特殊功勋，赏赐的礼品中，有顶上嵌着

皇帝祭日朝服

早在崇德年间，皇太极就认为"服制是立国之经"。到了乾隆时期，终于制定出了完整的清代冠服制度。清代皇帝的服饰分为规格最高的礼服，规格稍低，称为龙袍的吉服，日常穿着的常服，巡狩时穿用的行服，以及雨服等。不同场合，穿戴的服饰都有严格的规定。朝服是皇帝在大婚、大典、祭祀等隆重典礼上所穿的一种礼服，分冬夏两种款式。祭日朝服用红色。

皇帝祭月朝服

皇帝的祭月朝服用月白色。其式样，是由上衣、下裳组成通身长袍，另配箭袖和披领。衣身、袖子、披领都绣金龙，衣身绣三十四条金龙，两袖各袖金龙一，披领绣金龙二。

圆明园西洋水法（喷泉）

圆明园为清皇家园林，经康熙、雍正、乾隆三朝陆续修建，于乾隆九年（1744）基本建成。图中海晏堂是圆明园最大的欧式建筑，它周围有多个水法（即喷泉），非常精美，如代表十二个时辰的青铜兽头人身的十二生肖喷泉。

十三颗东珠的黑狐皮帽一顶、黑狐皮大衣一件、黄金一万两、白银十万两、缎一万匹、鞍马十匹、马九十匹、骆驼十头。另一个辅政王济尔哈朗，得到了信义辅政叔权王的头衔，赏赐的礼物是黄金千两、白银万两、彩缎千匹。福临的大皇兄豪格算是恢复了他的亲王爵位，赏了两匹鞍马、八匹空马。其他大小功臣自然也都有不同的封赏。

> **历史文化百科**
>
> 〔**北京天安门**〕
>
> 明永乐十八年（1420）天安门始建时叫承天门，为黄瓦飞檐五座木牌坊，正中匾题有"承天之门"。后失火，成化元年（1465）重建为九开间城门楼式建筑。清顺治八年（1651）改建成今貌，称天安门。天安门是皇宫大门，面对大明门，中间御道，两旁千步廊，中央机关的礼部、户部、工部、钦天监等在东边，刑部、都察院、大理寺等在两边。皇帝登基、皇后册封等国家典礼，都在天安门举行。如嘉庆元年（1796）元旦，乾隆帝正式退位的皇位交变仪式，就由礼官在城楼上宣读"传位诏书"，颂扬太上皇在位六十年功德无量，宣布乾隆帝归政的安排和决策。

○一五

李自成的结局

兵败如山倒。自山海关惨败后，他没有打过一次好仗。

清军入关，定鼎北京。要完成统一中国，首要战略还是歼灭李自成的大顺国，为此全力以赴；李自成军却屡战屡败，一蹶不振，直至崩溃。

放弃北京，逃进西安

李自成在山海关惨败。顺治元年（1644）四月二十六日逃回北京。

早在出征前，李自成和主要将领们就有返回西安的打算，此次战败更使他们下定了决心。

同月二十八日，李自成命刘宗敏、李岩等部在北京城郊阻击追军，又遭惨败。二十九日，他草草登基做皇帝，随后准备撤出北京，临行时还在城里放了一把大火，更是失去民心。翌日清晨，也就是

李自成陵园
李自成陵园位于湖北通山县九宫山下的牛迹岭。附近有落印、拴马松等，相传为李自成殉难古迹。

闯王进京的第四十一天，大顺军离开北京城，正是来也匆匆，去也匆匆，在北京当了一天皇帝，就走了。

多尔衮命吴三桂和英亲王阿济格、豫亲王多铎等部尾追，李自成军人数远远超出追军，但却一败于庆都，二败于定州，三败于真定，正是连战连败，但也暂时摆脱追击，经获鹿、井陉，进山西南逃西安去了。

放弃西安，再走武昌

五个月后，清军经休整后兵分两路：一路是吴三桂、阿济格等西进；一路是多铎南下。吴三桂、阿济格等进入山西，沿途州县大顺军纷纷投降，在陕北赶走李过、高一功军，先后占榆林、延安，即南下进攻西安；多铎军在河南怀庆（沁阳）击溃李自成的反攻部队，又在潼关四战四捷，把李自成、刘宗敏亲率的主力打得落花流水。李自成在逃回西安后，自知西安难保，在多铎军进潼关时，就主动放弃了西安，急忙东南走蓝田、紫荆关，经河南南走，临走时，令田见秀断后烧毁粮仓，田见秀没有执行，就跟随走了。两路清军会师于西安。

李自成墓碑
1975年，李自成墓由国家拨款修建，郭沫若为陵墓题写了墓志铭和墓碑。

奉先殿（右图）

奉先殿是清代皇帝供奉祖先牌位的地方，建于清顺治十三年（1656），有前殿和后殿两部分，中间有穿堂连接。每月初一、十五；每年元旦、冬至、万寿节，每逢举行大庆典，都在前殿举行大祭。每遇皇帝祖先们的诞辰、忌辰以及元宵节、清明节、中秋节等，就要在后殿行礼。

清军占领西安后，多尔衮命多铎照原计划对南明福王政权展开大进攻，由吴三桂、阿济格继续尾追李自成。李自成军不敢回击，急于南下襄阳，进驻武昌。

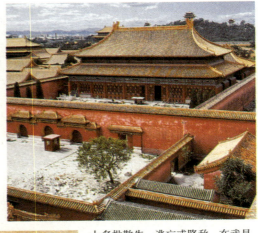

兵败如山倒

李自成在武昌驻留了五十天，他改武昌府为祥符县，这时他的丞相牛金星已脱离了大军，李岩已遭冤杀，将士多批散失、逃亡或降敌。在武昌，李自成又曾组织反击，仍被敌军击溃。从山海关惨败到此，不过十个月光景，他和追军从没有打过一次好仗，几十万人的大顺军常常被少于他十倍、百倍的追军打垮，正是兵败如山倒。

清军夺得武昌后，继续紧追，在兴国（湖北阳新）东的富池口，再次大败李自成军，几天后又在富池口东几十里，全歼李自成军主力，刘宗敏被俘杀，宋献策投降。李自成率残部西走，他本人在探路时，于通山九宫山为民团杀害，但也有说他是逃到离富池口千里外的湖南石门，躲进夹山寺做了和尚。野史多有将农民领袖写成失败后出家为僧的，如黄巢、李顺、芝麻李，包

《九边图·大同》

九边为明朝北方九个军事重镇的合称，后都被清兵一一击破。

李自成散落两湖的余部还有三四十万人马，一部分如田见秀、张鼐等部投降了大清，其他如李过、高一功等部归依了南明。 〉盛巽昌

〉历史文化百科

〔清代的"洋钿"〕

清代币制是银钱本位制，大数用银，小数使钱。外国银元的流入，主要是洋商对华贸易运载银元采购生丝、茶叶、瓷器等货物运回国内销售。仅道光前近180年间，西方及日本输入的银元就达30600万元。清代流通的外国银元多达几十种。康乾时盛行过西班牙双柱银元、威尼斯银元、法国银元、葡萄牙十字银钱、荷兰马剑银元。道光间又有大髻、小髻、蓬头、蝙蝠、双柱、马剑等名称，后来又有成色较好的墨银鹰洋流通。这些外国银元，统被国人称作"洋钿"。

括稍后几十年的山东栖霞于七。但不管如何说法，此后不再见有李自成此人的名字和事迹了。

乾隆年制粉彩镂空蟠螭纹套瓶（右图）

《观潮图》（清·袁江绘）（下图）

袁江（？—约1746），字文涛，晚号岫泉，江苏江都（今扬州）人。清代画家。擅画山水、楼台，为清代界画高手。此图远山连绵起伏，近处江面辽阔，波涛汹涌，江上船只往来。岸边树木浓密阴郁，楼阁台榭临江于山石之上，体现了袁江山水画和界画的风格。

面临着清军咄咄逼人的来势，南京小朝廷的弘光帝命原兵部尚书史可法，以督师为名死守扬州。扬州可以说是南京的屏障，扬州一失，南京就岌岌可危了。

史可法守扬州

多铎下令屠城，一连杀了十天，这就是血海尸山的"扬州十日"。

大清军兵临城下

清军渡过淮河，消灭了侯方岩的部队。接着便传来了盱眙、泗州降清的消息。史可法率领所部星夜直奔扬州，他要力保这个京师的屏障。

挥戈扬州的是豫亲王多铎的部队。

史可法进入扬州时，扬州城中已一片混乱。

《多铎入南京图》（清·佚名）
该图纵142.1厘米，横112厘米，中国国家博物馆收藏。多尔衮权倾天下，大力扶植胞弟多铎，压制镶黄旗主。顺治二年（1645）三月，多铎兵分三路南下，四月屠扬州，五月占南京，相继灭亡了弘光、隆武等南明政权，巩固了大清政权。

原驻守的部队乘着夜色纷纷出逃，抢了骡马车船向泰州遁去。一些官吏与有钱人家也忙着携家避难，全城人心浮动。史可法一面发出文告，表示"城存与存，城亡与亡"的决心，以安定民心，一面修筑防御工事，并且写了血书驰报兵部求援。

南京小朝廷事实上是明朝腐败政治的余孽，现任兵部尚书阮大铖是魏忠贤爪牙，最嫉恶正直官员，而史可法正是东林党左光斗的学生，他怎肯给予援助！后来，胡尚友、韩尚良、应廷吉、何刚、刘肇基、李栖凤、高岐凤等率领本部人马自动赶来，然而加起来也不过一万余人。

来犯扬州的清军少说也有十万人马。把个扬州城围得水泄不通。起初，多铎命泗州降将李遇春去劝说史可法归降。李遇春站在城下，对西门城头上的史可法说，天下人都

公元1658年　公元 1658 年 ▷

世界大事记　俄建尼布楚城。

《明史·史可法传》
计六奇《明季南略》

史可法　坚强
多铎　勇敢

人物　关键词　故事来源

知道你史阁部大忠大义，但是南京朝廷相信你吗？今大清兵马已将扬州围困，势在必得，南京也危在旦夕，你何必还要对一个垂死的朝廷尽忠呢？

史可法听了，大骂叛贼不止，又令军士放箭，吓得李遇春掉头逃回。多铎不死心，再派两人带着他的亲笔劝降信前往。史可法命兵卒把他们用绳吊上城头，再连人带信抛进护城河内。

诱降失败，多铎气得咬牙切齿，继续包围新旧两城。此时，六合、仪征又有五万铁骑前来增援，调集的红衣大炮也已运到，于是开始攻城。李栖凤、高岐凤见清军炮火猛烈，发生动摇，领着将士去找史可法，逼他出城投降。史可法严词斥责道："你们想去投降卖身求荣，请便，我不阻拦你们。要我投降，休想！我为明朝大臣，此地便是我捐躯报国的地方！"当时，李栖凤、高岐凤与川将胡尚友、韩尚良的人马，加起来占城中兵力的一半，史可法即使想执行军法也不可能。

军民守卫孤城

李、高临战哗变，城内军心动摇。史可法激励留下的部队坚守，不少官兵没有反响，他悲愤交加，不禁放声大哭起来。中军官取火照明，只见他战

康熙年制掐丝珐琅天球式香熏

袍上血泪斑斑，将士们这才感动得高声喊道："史督师放心，我等一定拼死守卫扬州！"

史可法将扬州军民组织起来，重新作了部署。军民同心协力，有迎敌的，有守城的，有巡逻的，也有做后勤的。男女老少，人人动员，户户捐献。城内所有大炮都集中在城墙上。史可法下了决心，要与扬州共存亡，他的战术是：上阵不利则守城，守城不利则巷战，巷战不利则短兵相接，短兵相接不利则自尽。

顺治二年（1645）四月二十四日，清军试炮，一炮击中了督师府。万幸的是史可法这几天不在督师府内，而是在西门。原来西门外有一片土丘，本是墓葬之地，林木森森。有部将说，此处若为清兵所占，居高临下将对城内构成严重威胁；提出伐去树木，不让清兵隐蔽。史可法拘泥古礼，对此意见没有采纳，而自己担当起防守此门的责任。

次日，清军发动了总攻。炮声震耳，火光冲天，史可法下令还击，但是毕竟势单力薄，挡不住清军的猛烈炮火。城墙外壁不断崩塌，多铎命清军架起云梯爬城，城上守兵只得向下射箭，投掷砖石、石灰。不一会工夫，西北角城墙炸开缺口，两军便开始了肉搏战。缺口越来越多，尸体越堆越高，大批清兵蜂拥蚁聚而来，不

康熙年制戗金填彩漆花卉小几

用云梯便可踏着死尸登上城头，转眼间就占领了西门。

史可法宁死不屈

大势已去，史可法叫总兵庄子固把他杀了，庄总兵不忍下手。又令副将史德威杀他，史德威是史可法几天前刚收的义子，也哭着不忍动手，史可法骂他不孝，拔出刀来要自刎，被众将强行劝阻，簇拥着投小东门而去。小东门不能出，折向东门。此时清军攻破了东门，混战中折了许瑾、庄子固二将，再转到南门，恰巧碰上多铎率军冲进来，前堵后追，无路可退，史可法便在马上大喝一声："史可法在此！"

▶历史文化百科◀

〔清宫警卫制度〕

清帝乾纲独揽，内廷法制严密。它没有统一的警卫机构和总管大臣，而是分设侍卫处、护军营、前锋营、内务府三旗包衣各营、神机营等机构，实行分工分区警卫，互不统属，却互相钳制，都直接对皇帝负责。镶黄、正黄、正白三旗精锐轮值于紫禁城内，正红、镶白、镶红、正蓝、镶蓝五旗轮值在紫禁城外。又精选上三旗中武艺出众的高手作护卫，其中亲信担任御前侍卫、乾清门侍卫。整个北京城，为拱卫皇居为中心，处于八旗满洲官兵的层层布控之下。这就是清代警卫制度的特色。

《溪山飞瀑图》（清·吴又和绘）（左图）

吴又和（生卒年不详），约活动于康熙年间。安徽歙县人。书画皆清绝，尤工画山水。此图近处画一土坡并写杂树数棵，高低疏密，参差有致。溪水沿着坡脚迂曲而来。土城对岸，山峦高耸，半山筑一屋舍，石阶可拾级而通，山脚下云烟飘浮，村舍隐现。

《层岩叠壑图》（清·髡残绘）（下图）

髡残（1612—?），俗姓刘，字石溪，一字介丘，号白秃、石道人、残道者等，武陵（今湖南常德）人，居江宁（今江苏南京）。清初画家。擅画山水，于元人画中受王蒙影响较深，亦受明代沈周、文徵明、董其昌等影响。与石涛合称"二石"，为清初四高僧之一。此图构图繁复，丘壑多变，内容丰富，引人入胜。

清将张鹰押着史可法上了新城南门城楼，多铎让史可法的幕僚杨遇蕃辨认，史可法说："我自挺身而出，怎会有假？"多铎还想收降他，对他十分恭敬地说，如能为大清招抚江南，大清一定封侯拜相，决不食言。史可法但求速死，不愿归降，气得多铎拔出刀来，史可法毫无惧色地把头颈伸了过去。

多铎见他如此，只好说道："史督师，我佩服

《蓬莱仙境图》（清·袁耀绘）

袁耀（生卒年不详），约活动于乾隆中期。清代画家。工画山水、楼阁、界画，与袁江相似，其精品有胜于袁江者。此画描绘神话中的蓬莱仙境，山中树木葱郁，楼阁宫殿华丽壮观。

你是个真男子。既然这样，我也不再相强，就成全你忠臣的名节罢！"

史可法殉国后，扬州城内的巷战还在继续。刘肇基、马应魁等在巷战中牺牲，何刚、吴尔埈等兵败投井而死。扬州知府任民育，穿着明朝官服，手握官印，端坐正堂被杀，全家男女老幼全都投水自杀。

多铎攻打扬州，遇到誓死不屈的史可法和扬州军民，损失了好几千兵将，心中十分恼怒。占领全城后，他便下令屠城，一连杀了十天，戮杀无辜百姓数十万，血海尸山，腐臭满城。历史上将这次大屠杀称为"扬州十日"。

康熙年制茄皮紫釉螭耳瓶

绿营武官品级表

官阶	品级	职责	备注
提督	从一品	统率全省绿营，其直属称"提标"。	乾隆十八年（1753）定制分设陆路提督、水路提督。
总兵	正二品	掌一镇之绿营，其直属称"镇标"。	受提督节制，分设陆路总兵、水路总兵。
副将	从二品	直接统率绿营，称为"协标"。	又为督抚设，称中军副将。
参将	正三品	直接统率营兵。	又为督抚设，称中军参将。
游击	从三品	直接统率营兵。	又有镇标中军游击。
都司	正四品	直接统率营兵。	又有协标中军都司。
守备	正五品	直接统率营兵。	又有参将、游击之中军守备。漕运总督管辖有卫守备。
千总	正六品	所领为汛。	漕运总督管辖有卫千总。
把总	正七品	所领为汛。	
外委千总	正八品	所领为汛。	
外委把总	正九品	所领为汛。	
额外外委	从九品	所领为汛。	无定员，不在额定编制之内。

公元 1662 年 >

〇一七

传奇女子柳如是

后人因她与世俗社会不断抗争，出类拔萃，称之为侠妓。

"我见青山多妩媚，料青山见我应如是。"宋代词人辛弃疾的一曲《贺新郎》，打动了明朝末年一个烟花女子的心，自忖此身已为章台之柳，红粉飘零，还不如与青山为伴觅一知音呢，便索性将自己的名字改成了柳如是。

一代风流秦淮女

柳如是，嘉兴人，原名杨爱，小时卖给盛泽徐佛为养女。当时世风颓坏，士大夫文人纵情诗酒声色，放浪形骸。于是，就有一帮人收罗幼女，加以琴棋书画、歌舞诗词训练，培养成具有高度文化素养的艺伎，或卖给达官贵人为妾，或卖给青楼妓馆为娼。徐佛本身就是个中人，柳如是经她培养后，卖给吴江周道登家，成为周宠爱的侍婢。十四岁那年，因遭周家众姬妾妒忌，诬陷她私通男仆，

逐出为娼。此后便流落江湖，常与复社、几社中张溥、陈子龙、汪然明等一班文士诗酒唱和，纵论天下兴亡之事，很快成为松江风流一时的名妓。

一年冬天，有个名叫宋辕文的世家子弟，慕名来到绿树牵舟的河畔求见柳如是，其时，柳如是在船上还未起身，故意让使女出舱传话说："宋郎且勿登舟，果真有情，就请跃入水中稍待。"没想这宋辕文

《美人图·读书》（清·佚名）

钱谦益像

钱谦益(1582—1664)，字受之，号牧斋，晚号蒙叟、东涧老人，常熟人。明万历进士，授翰林院编修，天启时典试浙江，转右春坊中允，参与修《神宗实录》。后为魏忠贤罗织东林党案牵连，削籍归里。著作有《初学集》、《有学集》、《投笔集》、《列朝诗集》、《内典文藏》等。

公元1660年 公元 1 6 6 0 年 ＞

世界大事记 英国查理二世返英，斯图亚特王朝复辟。

陈寅恪《柳如是别传》

柳如是 钱谦益

正直 勇敢

人物 关键词 故事来源

一片痴情，真的跳进河里，在水中冻得瑟瑟发抖。柳如是见他如此情真意切，深为找到了终身依靠而高兴。她哪里知道，这个风度翩翩的宋公子虽有才貌，却十分懦弱，慑于家中的反对，竟不敢与她多往来了。恰巧此时松江知府贴出告示，明令禁止流妓活动，一旦发现即加驱逐。柳如是几乎无处安身，请来宋辕文，他既不敢把她带回家中，也不敢挺身而出为她向知府说情。

白发苍苍钱谦益

经过这又一次的打击，柳如是更加看透了世事的冷暖，也更认清了自己的身份。花晨月夕，侑酒征歌，转眼都成过眼烟云，梦幻泡影。柳如是思前想后，终于作出了人生的选择。她决定要嫁给那个白发苍苍、黝颜鲐背的牧斋先生钱谦益了。他虽然年逾花甲，但社会地位和文坛声望足以维护柳如是这样的女子，更可贵的是他敬重她。他不惜破家毁誉，用娶嫡妻大礼迎娶柳如是。他酷爱藏书，但不惜忍痛出让珍藏的宋版《汉书》，斥资在虞山专门为柳如是盖了绛云楼和红豆馆。一度想遁入空门的柳如是终于在二十四岁时找了归宿。

转眼过了三四年，外面的世界发生了天翻地覆的变化：明朝崇祯帝上吊死了，清朝的顺治帝坐了北京

玄青缎云肩对襟大镶边女棉褂（上图）

清代衣装不分场合，不分性别，皆盛行"镶滚"，纹样繁琐，工细，不厌其烦。此款属日常用装，领、襟、摆袖镶有边饰，共四层，并行于对襟两侧至开气处，胸前呈勾云形，肩部云肩为如意形，四层边饰中外三层为机织，色调典雅，没有戏剧的"热闹"气氛。机织花边于清末出现，从此手工刺绣花边逐渐被取而代之。

漳缎女礼服

清代缎织物名目之多，花色之丰富，达到了历史的高峰。故宫博物院所藏清代缎织物，据不完全统计有：妆花缎、暗花缎、织金缎、二色缎、闪缎、漳缎、绒缎、花缎、巴缎、库缎、贡缎、片金缎、库金等三十余种。袍料用色、用金纯正，精致华美，为当时典型礼服式样，足以代表当时绸缎织造最高水平。

《晴峦春霭图》（清·唐岱绘）

唐岱（1675—1752），满洲正白旗人，字毓东，号静岩，又号知生、默庄。清代画家。康熙朝官廷画家，王原祁弟子。此图以阔笔画崇山叠嶂，霭横晴峦，曲流小径，宛蜒于隔山之壑。水榭山居，高树疏林，错落有致。

的龙庭，福王朱由崧在南京建起了弘光小朝廷。柳如是立即抛下私情，极力支持老头子出任弘光政权的礼部尚书，自己也在官场宴饮周旋中鼓吹抗清复明。她又作昭君出塞的打扮去江防前线犒师劳军，还去京口梁红玉古战场参观，表示要同清军战斗到底。然而好景不长，没过多久，弘光政权在内部斗争和清军打击下毁灭了。柳如是对钱谦益说："看来我们已到殉国的时候了。在此关头，你必须舍生取义，以全大节，以

副盛名。"她见钱谦益面露难色，便携着他的手，强拖硬拉地来到池边，要和他一同自沉。钱谦益说，"水太冷，算了罢"，返身上了岸，柳如是却义无反顾地向水深处走去。等钱谦益叫人把她救上来时，她已失去知觉。

并非弱女子

钱谦益终于降清剃发北上做官去了，但他做官受了株连，柳如是赶去北京极力营救，双双南归。她觉得这未始不是一件好事，便又鼓励他利用自己的社会影响和钱财去帮助郑成功、张煌言、瞿式耜、魏耕等抗清义军。她自己卖掉首饰，资助姚志卓招兵买马，恢复起一支抗清队伍。甚至还秘密前往舟山群岛，慰劳张煌言的海上义师。

钱谦益在柳如是的开导下，逐渐又回到昔日做人的轨道上来，然而已到了风烛残年，终于在八十三岁那年离开人世。钱谦益一死，钱氏家族的一伙人立即手执棍棒，冲入柳如是家，威逼谩骂，逼她交出银子，交出田契，交出僮仆的卖身文契。柳如是是个烈性女子，哪堪受此凌辱，她平静地对凶恶狠毒的钱氏族人道："你们稍静片刻，待我从容取来。"说罢，登楼命笔，给女儿留下一封遗书，取出三尺白绫，投缳而死。

后人因她与世俗社会不断抗争，出类拔萃，称她为侠妓柳如是。

康熙年制五彩加金花蝶纹攒盘

公元1661年

公元 1661 年

世界大事记 葡萄牙割让印度孟买于英国。

〇一八

《清世祖实录》卷十五
《明季南略》

专制 法制

多尔衮

人物 关键词 故事来源

剃发令

满洲贵族把剃发结辫，作为汉族和中华其他各民族降服的最重要的标志；强令剃发，以此彻底改变传统习俗，但它极大地侮辱了其他各族的人格和尊严。

满洲贵族和官民的发式乃是结辫。早自努尔哈赤兴起在白山黑水、席卷松辽大地时，就对每个汉人聚居的征服点强令剃发。剃发，表示归顺。凡不剃发的汉人，杀无赦。

从下令剃发到照旧束发

顺治元年（1644），多尔衮率清军进关后，所到之处，都要求归顺的当地官民剃发。同年五月三日他到北京的翌日，就发檄文张贴全城内外。檄文的一个重要内容就是必须老老实实执行剃发令。内称："檄文到日，剃发归顺者，地方官各升一级"，"凡投诚官吏军民皆著剃发，衣冠悉遵本朝制度"。

剃发立即引起民众愤懑。有朝鲜官员目睹此种情景，向本国政府报告说："及有剃头之举，民皆愤怨。"多尔衮是聪明人，立即改弦更张，遂于五月二十三日又传谕："予前因归顺之民，无

所分别，故令其剃发，以别顺逆。今闻甚拂民意，反非予以文教定民之本心矣。自兹之后，天下臣民，照旧束发，悉从其便。"且为了家喻户晓，发了二十道令旨，先行宣示，还允许多作誊刻，广为传播，让民众都知道。

当时清军刚将李自成赶出北京，但关内极大部分地区仍在南明福王政权以及李自成大顺国、张献忠大西国手里，所以只能将作为国之根本政策的剃发，暂且放在一边。

孙之獬两面不讨好

有个山东进士出身的明降官孙之獬不识相，他看歪了态势。

盖此时北京朝廷，殿陛之下，按汉官满官左右两班排列，已是约定俗成。汉臣仍是着明式纱帽圆领、品级袍服。

一天早朝，这位孙之獬大人，为表示忠心不贰，竟剃发结辫，着满服进殿，小心翼翼地走进了满官班列，满官因他是汉人，推出去；孙某要回到汉官班列，汉官因他着满饰，也不容纳，弄得左右不是人。正在此时，多尔衮出来，见殿中有个孤零零的孙某，问清原由后，暗自高兴，但表面却不得不严加痛斥。

剃武不剃文，剃兵不剃民

顺治二军（1645）五月，清军占领南京，弘光帝被俘，南明几百个高官和几十万大军束手归顺。清军

"皇帝之宝"玉玺（及上图）

皇帝之印称宝是清制，皇帝印信称为御宝，清初设御宝于交泰殿，成立尚宝司。这方蟠龙钮玉印，印文为满、汉文篆书篆刻。满汉文合璧为常用印章，代表皇权，皇帝颁发的诏书皆盖此印。

妙峰山庙会

妙峰山庙会（及左页图）

这是一幅清代反映北京妙峰山庙会的民俗画，画上香客盈路，商品云集，还有各种各样的民间文化娱乐活动，是研究北京清代社会生活、风俗信仰等方面历史的形象资料。

大帅、豫亲王多铎非常得意，但他仍坚决执行了多尔衮的不剃发命令。

有个弘光政权的总宪李乔，马屁功夫极好，在多铎进城的第二天，独自一人主动剃发易服，得意扬扬前来谒见，却受到多铎一场无耻之尤的臭骂。多铎随后还在城门各口张贴布告："剃头一事，本国相沿成俗，今大兵所到，剃武不剃文，剃兵不剃民，尔

清当铺的幌子（上图）

当铺专门从事以衣物杂项等实物为抵押的高利贷活动。清代当铺的幌子多和佛教有关，图中普济质店是字号，当是明清时期当铺的通用幌子标记，这个当铺在山西太谷县，开设于清道光年间，1949年歇业。

> 历史文化百科

〔历代剃发结辫〕

清（后金）剃发，即保留头顶上发，结辫下垂，其余四周尽数除去。

其实辫发制，源远流长。古中国北方各族多采用，如秦汉匈奴、魏晋鲜卑、隋唐突厥、铁勒、靺鞨和东北的肃慎、女真（金）、西方的吐谷浑和诸氏。其采用地区、时间的延续也是惊人的。

见于各族社会变迁复杂，所持发辫定格也稍有不同。 如匈奴、突厥、铁勒的辫发，乃是将它圆束于头上，有如槌子状；由匈奴变种的鲜卑族拓跋支仍保持匈奴辫发式。蒙古族也为辫发，今传故宫南薰殿所藏历代帝王画像，元诸帝皆为两小辫垂于两耳的发式。

文一品官服补子（及下图）

补服又称补褂，为明清官服之一。明称补子，清称补褂。因其前胸和后背缀有用金丝、彩线绣成的"补子"，故名。补子为官品的标志，文官用飞禽，武官用猛兽标识。文官缀绣的补子图案分别为：一品为仙鹤，二品为锦鸡，三品为孔雀，四品为云雁，五品为白鹇，六品为鹭鸶，七品为鸂鶒，八品为鹌鹑，九品为练雀。

等毋得不遵法度自行剃之。前有无耻官员先剃求见，本国已经唾骂。特示。"

多尔衮再下剃发令

可是，当南京不战而定，杭州潞王政权不战迎降和李自成败亡等特大喜讯传到北京，合朝皆大欢喜，多尔衮更是头脑顿时热昏，认为大清即将江山一统了，迫不及待，就在六月初下诏全民剃发，还派专递告谕多铎，要他立即奉行"各处文武军民，尽令剃发，倘有不从，以军法从事"。

十天后，多尔衮正式下达剃发令：强迫各地在见到此令后以十天为限尽行剃发；迟疑者，就是寇盗，不剃发，杀无赦；如有官员为此事劝谏，也是杀无赦。

剃发令不折不扣地雷厉风行，在曲阜，被清王朝分外优礼的孔子后裔孔允植，起初虽有异议，也

曾提出保持明冠服，但在多尔衮坚拒后，只得乖乖地剃发结辫了。另有曲阜知府孔文䛿不识时务地提出能否蓄发，以复先世衣冠的建议，立即遭到严责，还说他犯了不赦之死罪，姑念圣裔免死，但革去官职永不录用。

留头不留发，留发不留头

在此期间，三百六十行最见走红的就是剃头行，官方还雇了很多剃头匠，跟着清兵游走街巷，在剃担前有时还打锣人高呼"留头不留发，留发不留头"。见有蓄发者就令剃头，稍有抵抗，当即诛杀，为此还在担上插一竹竿，以挂反抗者之头。这就是此后几百年，剃匠担留有一根竹竿的由来。

多尔衮的剃发令，刺激了汉族和其他民族，激化了各处的反抗，他们宁愿掉脑袋也不愿意剃头发，致使此后清军南下，处处受阻，统一南中国，用了整整三十八年。而民间对于剃发令反抗的潜意识，可以说又延续了两百多年，直到辛亥革命。　〉盛巽昌

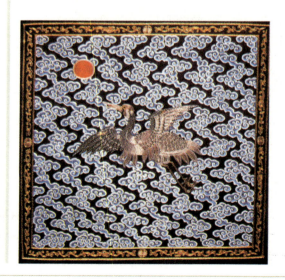

公元1663年

世界大事记

世界大事记 | 法国颁布有关财政、工业与商业改革的重商政策。

阎应元 陈明遇 | 法制 | 《明史·阎应元传》

人物 关键词 故事来源

〇一九

不屈江阴城

寄语行人休掩鼻，活人不及死人香。

清军在江南，遭到了入关以来从未有过的汉族官民强烈反抗，最大原因就是清朝颁布"留头不留发，留发不留头"的法令。

十万民众反剃发

江阴人听到知县方亨请兵的消息，非常愤慨，商民率先罢市。四乡农民得知城中情况，在季世美、季从孝领导下，赴城支援。十多万民众汇集在明伦堂广场举行大会，秀才许用带领大家高呼口号："头可断，发决不可剃！"大家推举县主簿陈明遇为这次抵抗运动的领袖，还拘杀了方亨和监督剃发的清兵。

武一品官服补子（及右图）

武官缀绣的补子图案分别为：一品麒麟，二品狮，三品豹，四品虎，五品熊，六品彪，七品、八品犀牛，九品海马。清代群臣以上的皇子、亲王、郡王用龙，贝勒、贝子、镇国公用蟒。此外都御使、按察使等均用獬豸。命妇受封，亦用补子，各人从其父之品以分等级。

清军见江阴反了，立即派兵前来镇压。陈明遇恐力不胜任，就邀前任典史阎应元共商守城大计。

阎应元是武秀才出身，很有军事才能。本已调广东任职，尚未成行，清兵来了，因此侨居城外砂山。如今陈明遇邀他一起抗清，二话没说，就拜辞老母，带了王进忠等四十多个亲随来到江阴城中。

时为顺治二年（1645）七月初九，阎应元进城后，就会同陈明遇等集中士民誓师表示决心，接着便作守城准备，一面整顿队伍、修筑工事、加固城墙、征集船只，一面通告富商财主出资助饷。

次日，四乡乡兵赶来支援，阎应元下令开门把他们迎接进中。此时城门已用铁叶封裹，由壮丁轮流登城防守。老弱妇女忙着缝补、造饭，并担任战时救护工作。夜间，每隔五个城垛悬挂一盏灯笼，防备清兵偷袭。有个叫陈瑞芝的和儿子一起做了许多木铳和火罐；还有个叫黄明江的弩师，造了不少轻巧灵便的小弓和涂上毒汁的小箭。

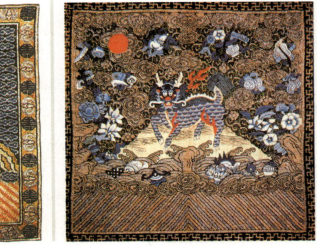

阎应元和陈明遇

清军进攻了。先用大炮轰击北门，然后选上将九员驾云梯爬城。城上矢石交下，长枪刺，镰刀劈，硬是将爬城的清军压了下去。接连一个多月，清军多次攻城都未能得逞。

守城军民同仇敌忾，还创造了一种心理战术。他们把关帝老爷、睢阳王、东平王、城隍老爷的金身都请上城楼，抬着它们各处巡视。神像的胡须经过磁石处理，碰到铁器就会翕然飘动，又用机关牵引，可以抬手指点城外清营。这一招很使清兵疑惧了一阵子。

陈明遇生性宽厚，平易近人，战士劳苦，他涕泣劝勉，周到慰抚，从不呵叱轻侮。阎应元号令严明，赏罚分明，战士病困，他亲手奉汤酌酒，凡有牺牲者，必备衣冠棺木，哭奠殡葬。每有重大决策，阎、陈二人也必先征询大家意见。因此全城军民团结一心，士气高昂。

清军久攻不下，多次派人到城下劝降。一次，降将刘良佐到城下招阎应元答话。阎应元说：我不过是

明朝一个小典史，尚能为国效忠，将军乃大明总兵、伯爵，却为敌效劳，你可懂得些羞耻。刘良佐被骂了回来。多铎大怒，调集红衣大炮数百门，分别对准城的东南角和东北角猛轰。在火炮掩护下，又开掘地道，用火药在城脚下炸开缺口，向内猛攻。阎应元手舞青龙偃月刀，率人马与清兵格斗，连中三箭，血透战袍。他见自己不行了，对左右说："请为我谢江阴父老，吾报国的责任完成了！"言罢要部属拔出短刀刺杀他，部属不忍；他跳进池塘，因水浅不死，被寻获后，关入庙中，当晚被害。陈明遇率部同清军展开巷战，身受重伤，投火自焚。

清军攻打江阴，总共动员兵力二十四万，攻城时死了六万八千多人，巷

雍正年制仿哥釉三羊瓶（上图）

雍正年制珐琅彩红碗

科技与迷信的混血产品：清旱罗盘

旱罗盘是科技与迷信的混血儿。指南针的发明与看风水的堪舆方家关系密切。本来用于看风水定阴阳的罗盘成为海上航行不可或缺的指引航线的工具。清代旱罗盘体积很小，刻度精密，标明方位、八卦，是风水先生看阴阳宅子用的罗盘，无论营造官殿、民居，选阳宅，还是安葬，都用它来定方位。

春涨江南杨柳湾鳜
鱼潋刺绿波间不
知可是湘江
种也带
湘妃
泪
斑竹

草间居士

《杂画图》(清·边寿民绘)

边寿民(1684—1752),原名维祺,字寿民,以字行,改字颐公,号渐僧、苇间居士,江苏山阳(今淮安)人。清代画家。擅画花卉翎毛,尤以泼墨芦雁闻名。此图是杂画册中的一幅,画中鳜鱼似乎刚出水不久,鱼嘴微张,穿一根柳条,形象生动。

战中死了七千多人,相传损失的高级将领有三王十八将。多铎进城后咬牙切齿地下达命令:"满城杀尽,然后封刀!"惨遭屠戮的百姓达十七万二千余众。只有藏在寺观塔内的印月和尚和五十多名民众躲过劫难。

江阴人民誓死不屈的精神一直为后人称道。就在清军占领江阴后的一天清晨,忽然有人发现了一首题诗,其中有两句是:"寄语行人休掩鼻,活人不及死人香。"

> **历史文化百科**

〔满族的住房〕

满人住房多为土木结构,一般为三间、五间。房屋坐北朝南,以土筑墙,茅草为顶。屋顶用草绳固定茅草,亦有用灰泥涂抹以防被风吹掉。屋脊也多以草编就。门开在南墙中间,两旁开窗。室内的里屋北、西、南三面砌成围炕,叫转圈炕,亦称"卍"字炕。南炕供长辈睡觉,北炕给晚辈睡觉,西炕则用来供祖宗神灵。所以,即使有尊贵客人来,西炕也是不能坐的。

○二○

大儒黄道周

黄道周揶揄洪承畴说："此人死久矣。尔辈见鬼，吾岂能见鬼？"

清军下江南，全面推行剃发令，受到包括知识分子在内的民众抵制，他们拥立明朝宗室割据，其中一位就是黄道周。

拥立唐王，孤军出关

黄道周是晚明江南大儒，著作等身，他讲学于闽浙，有很多学生。

清军渡江后，黄道周等人在福州拥立了唐王朱聿键为皇帝。他就是南明的隆武帝。隆武帝封黄道周为武英殿大学士兼吏部尚书、兵部尚书，可是他管不了官吏升黜，也不能调动一兵一卒，所有大权全在郑芝龙和他的家族手中。郑芝龙拥兵自重，还和清军潜通，谋献福建。黄道周在朝常受抑制，无用武之地。

唯物主义思想家王夫之（及右图）

王夫之（1619—1692），衡阳人，明末清初重要思想家，曾积极从事抗清斗争，失败后，隐居著述，世称"船山先生"。学术上继承发展了宋代张载的唯物主义思想，建立了朴素唯物主义思想体系，认为世界是物质的，物质是第一性的，物质是不灭的。

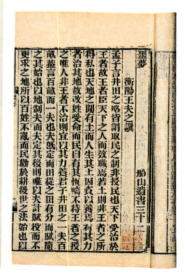

顺治二年（1645），黄道周出于无奈，向隆武帝上奏章说，与其坐而待毙，不如出关迎敌，请求带着学生和家人出关，就地招募义勇，筹集粮草，收复失地。隆武帝设宴饯行，他对飞扬跋扈的郑芝龙家族也无可奈何。

当年黄道周已经六十岁了。他们取道延平（南平）、建宁（建瓯），出仙霞关，打算经江西广信（上饶），上徽州，会合当地义勇抗清。沿途很多民众前来参加，一个月后，当他们到达崇安（武夷山）时已有义勇四千六百人了。这支队伍，很多人从未经过军事训练，连队列都不懂；有的缺乏兵器，只拿肩担、锄头，人称为"肩担兵"。他的妻子带领一群妇女跟在后面协助做后勤，称为"夫人军"。由于粮饷匮乏，黄道周向福州请饷。郑芝龙有心作对，他说，黄道周所部乃乌合之众；还散布谣言，说他交结外藩，不予理睬。

黄道周在崇安呆了两个月，仍没有收到一分一厘粮饷，他只好孤军出关，进抵广信府。此时方才得悉，徽州已失陷。黄道周进退两难，他虽熟诵兵书，还编写过洋洋十余万言的《广名将传》，却从未拿过刀

《明史·黄道周传》
江日升《台湾外纪》

勇敢　爱国

黄道周

人物　关键词　故事来源

枪上战场，仍属于纸上谈兵。这时，只得勉强分军为三，一出抚州，一出婺源，自己留守广信。当时南下清军多在外线作战，致使他们在腹地也打了些小胜仗，但当敌军回头扫荡，这支孤军就难以支撑了。不久，出师抚州、婺源的两路人马相继溃败，黄道周眼看敌军将至，再次向福建求援，但郑芝龙仍不理睬。他只得孤注一掷，离开广信北上。当地民众请他坚守孤城。这时，黄道周所部只剩三百人、马十匹、粮三

艺术珍品清绘寿字图

福、禄、寿是中国传统文化中表示幸福安康的艺术形象，以字为画也是中国文字独有的艺术表现方式之一。既是对美好生活的向往，也是对未来的企盼。"寿"与人的生命长短密切相关，喜生恶死是生物界常见的现象，以"寿"字为画，显现着人们对长寿的向往，也就意味着对长时间体味生命之美的肯定。这幅字由花卉组成，艺术构思奇巧，是罕见的艺术珍品。

日，但他义无反顾，拼命向前。某日清晨，敌军乘浓雾薄天前来袭击，义军覆没，黄道周和他的学生都被俘虏。

痛骂洪承畴

黄道周被俘后，降将张天禄在婺源城里设宴劝降，遭到痛骂。次年正月，他被解押到南京，途中，还作殉命诗四首，内有"诸子收吾骨，青天知我心。为谁分板荡，不忍共浮沉"等句。在多次拒绝招降后，清方就由洪承畴出面，妄想用同乡关系说降。但黄道周再不愿见洪一面，他揶揄地说："松山之败，洪承畴全军覆没，先帝（崇祯帝）曾设御坛十五，痛哭遥祭。此人死久矣。尔辈见鬼，吾岂能见鬼？"

两个月后，黄道周和随同他的四个学生都被杀害。死后，人们从他所带的行包里，发现用鲜血写有"大明孤臣黄道周"七个大字，旁边还有十六个小字："纲常万古，节义千秋。天地知我，家人无忧。"　〉盛巽昌

文房四宝之一——笔

清代文房四宝的制作工艺有很高的水平，有的在当时就价值连城。这支笔瓷质中空，施粉彩釉，描金云龙纹，下端装紫毫笔头，上端篆书"大清乾隆年制"款。

〉历史文化百科〈

〔格格〕

清亲王以下诸女则称格格。亲王之女封和硕格格，嫡福晋所生女品级为郡主，侧室所生女为郡君；郡王之女封多罗格格，嫡福晋所生女为县主，侧室所生女为县君；贝勒之女封多罗格格，出正室为郡君，侧室为乡君；贝子之女正室所出封固山格格，为县君，侧室生称宗女，不授封。

郑成功南京惨败

郑成功最大也是最后的一次北伐，以失败告终。

郑成功立志恢复旧朝，曾三次北伐，都因后方失利或天时影响而中止。这是第四次北伐，成败利钝，在此一举，是他最大的一次北伐，也是最后一次北伐。

进攻南京始获胜

顺治十六年（1659）五月，郑成功率领水师几千艘、甲士十七万和英勇剽悍的"铁人"军八千，与张煌言带领的人马联合起来，再次北伐。

他们由崇明进入长江。

清军里多北方人，不识水性，所以在江上用大木编成木排，木排四周围着木栅，按一定距离安装了火炮，

称作木浮营，又叫木城。木浮营作战时可以顺流而下，攻势甚为凶猛。另用许多粗大铁链拦住金山、焦山间的江面，称作滚江龙。江岸上同时还安了数百门红衣大炮，他们以为这样便可以防止反清部队的攻袭了。

张煌言充当这次北伐的先锋，率部直奔长江口。见清军如此设防，先命数十勇士潜水凿断滚江龙，然后将战船开进瓜洲江面。清兵木浮营发现情况，即向下游冲来，江岸上的红衣大炮也狂吼起来。张煌言见情况紧急，登上舵楼大声说："弟兄们，情势火急，没有退路，只有前进，让我们奋勇向前，杀灭清朝鞑子！"边说边向木浮营冲去。战士在他的激励下，破浪逆江而上，连克三座木浮营，大大地挫折了清军的锐气。清军本不惯水战，见木浮营并无大作用，不敢恋战，弃营溃逃而去。

次日，郑成功大军到达镇江，率军誓师后，指挥大军一举歼敌万余人，攻下了瓜洲城。接着，北伐联军以破竹之势，先后攻克仪征、镇江、六合、浦口，进抵南京城郊。兵船停泊在江心七里洲。郑

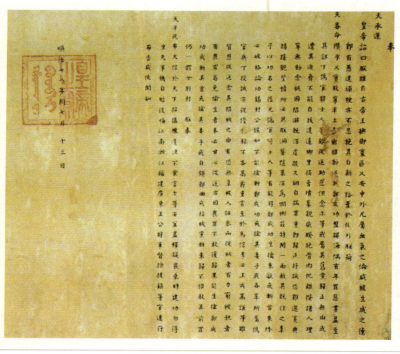

清朝政府颁布招抚书

1659年五月，郑成功发动最大规模的一次北伐，一路势如破竹，七月初七直逼南京城下，在胜利在望之际，迟延了进攻时机，在清廷后续援军的反攻之下惨遭失败，九月退回金、厦基地。随后，清朝政府颁布招抚书，借以分化抗清势力。

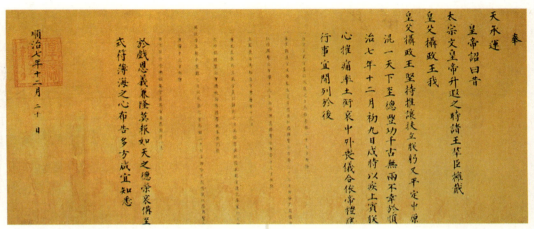

成功、张煌言召集部将商讨进攻南京的方略。郑成功提出请张煌言溯江而上，占领芜湖，阻击清军通过上游支援南京，由他率领大军攻取南京城。张煌言认为攻克南京城是北伐的重大战略目标，自己应留在统帅部参与攻城战役。阻击敌兵增援的任务可以另选将领担任。

张煌言分军西征

张煌言在郑成功的坚持下，带上本部六七千人马出发。芜湖守敌不战而降，当地百姓听说北伐义师到来，箪食壶浆前来欢迎，纷纷将头上的瓜皮小帽掷在地上，一时城中的瓜皮帽堆积如山。

郑成功国姓爷的国姓瓶

这是郑成功军队使用的火药弹，瓶为陶制，中装火药铁砂，引爆后杀伤力极大，在驱逐荷兰殖民者、收复台湾的战斗中使用较多。郑成功曾在南明隆武朝赐姓朱，因此老百姓尊称他为国姓爷，称这种火药弹瓶为"国姓瓶"。

皇父摄政王以疾上宾哀诏

功高天下的"皇父摄政王"多尔衮于顺治七年（1650）十一月出猎塞外，十二月初九日病死于喀喇城（今河北滦平），年仅三十九岁。灵柩回京时，顺治皇帝亲率诸王大臣出城跪迎。顺治发布哀诏："昔太宗文皇帝升遐之时，诸王群臣拥戴皇父摄政王。我皇父摄政王坚持推让，扶立朕躬。又平定中原，混一天下，至德丰功，千古无两。不幸于顺治七年十二月初九日戌时以疾上宾，朕心摧痛，率土衔哀，中外丧仪，合依帝礼。"接着，又追尊多尔衮为"懋德修道广业定功安民立政诚敬义皇帝"，庙号成宗。追封其元妃为"义皇后"，夫妇一同升祔太庙祭享。

不久，长江下游的太平、宁国、池州、徽州四府，广德、和州、无为三州，以及当涂、繁昌等二十四个县城都被北伐军收复。

历史文化百科

[郑成功的黑人兵]

郑成功收复台湾时，军中有来自非洲的黑人。据说郑芝龙起兵海上，私家贸易遍及东南亚，曾引诱和招募荷兰殖民者所奴役的黑人。这些黑人是荷兰人自非洲贩卖而来，于台湾作无偿垦殖的。郑芝龙将他们编为卫队。郑芝龙出闽降清，被挟持北上，这支黑人卫队就归附了郑成功。

暖帽

暖帽是清代官吏冬春季戴的礼冠。

围而不攻失去时机

郑成功留下一部兵力守瓜洲、镇江，亲自率领大队人马攻打南京。途中慷慨赋诗：缟素临江誓灭胡，雄师十万气吞吴。试看天堑投鞭渡，不信中原不姓朱。他在城外的明孝陵发誓：一定要驱逐清兵，恢复大明江山。接着连扎八十三个营，将南京城重重包围起来。

富丽精致的镜帘

镜帘是清代民间刺绣品，旧时民间座镜上的遮尘织物，其质地优劣视家境而定。内容视物而定，但离不开吉祥、喜庆、荣华富贵等题材。此镜帘中间是瑞兽，周围有蝙蝠围绕，取吉庆之意。通体富丽，制作精致，立体感极强，惹人喜爱。

凉帽

凉帽是清代官吏夏秋季戴用礼冠，以顶子材质来区别品级。

当时，南京守敌只有三万人。两江总督郎廷佐也是明朝降臣，见郑成功如此阵势，十分胆怯。这时，有个因犯罪受惩的郑军小头目向他报告了郑军松懈、轻敌的情况，并且给他出了一个"不可力敌，只能智取"的绝妙主意，乐得郎廷佐连连叫好，于是派了个能说会道的说客前往郑成功营中，请求延平王等满三十天，他即开门相迎。其原因是清朝有规定，守将坚持一个月以上投降者可免满门抄斩，他一家老小都在北京，请郑成功谅解他的苦衷。

这回郑成功中计了，部将甘辉提醒他不要上当，他未听，张煌言得知他坐等南京开门纳降，派专使来劝他谨防奸计，他也未听进去。

刺绣小品《倦书图》

清代刺绣品《倦书图》以彩锦绣法制成。描述一个做读书状的书生正在做梦娶媳妇，他膝前的小书童神情与主人类似，更加剧了该图的喜剧色彩。此品构思巧妙，绣工精致，是一个极有意味的讽刺小品。

邻文原謂東坡中年用宣城
張葛豐難毛筆故字稍加肥
晚歲自儋州田挟天海風濤之
氣作字如古槎怪石怒猊扶未
奇鬼搏人書家不可及已同里
朱文徵上舍抱真才貪奇氣
而不為時用以其磊砢鬱勃之
積一寓於書为魏晉以來諸作
者無所不窺而尤浸淫於宗之
南官東坡以畫其寰泄臨天
馬賦見知於歸愚嘗樹兩尚書
政於爭簾以志必傳焉所臨东
坡束陶歸亥亥來聲待行餘
其兰此超時流恶扎而直造古人
寬博有得於性情筆墨之外
無豈也昔東坡和陶詩盡卷而
止自謂得性之所近文徵之臨坡
毋不猶坡之和陶云
段玉裁

論書一則（清·段玉裁書）

段玉裁是著名學者、文字学家，其書法也别具一格，颇見功力。

清军反攻，北伐功亏一篑

这时，进入南京的清崇明总兵梁化凤，登城见东北角神策门外郑军松懈，率五百劲骑夜间出门突击，郑军猝不及防，将军余新被俘，两镇人马全部覆没。

但郑成功并未从骄傲态势中有所醒悟。

翌日，清军分水陆两路倾城出击。郑军军灶未成，仓促应战，郑成功又有令，无令不得应战，各镇人马只只坐视清军进攻，不敢互相救援，清军从山后抄出，炮火交加，郑军诸镇尽溃；埋伏在山内的中提督甘辉军死战不得出，甘辉被俘，全军覆没。当时郑成功安排的七路出兵，四路俱溃；铁人军退至江边，因无船，投江死者六千余人。郑成功见兵败，只得扬帆出海，还军厦门。

而此时张煌言率领的队伍，一边攻城略地，一边吸纳兵员，却是不断壮大，捷报频传。他接待湘、赣、鲁、豫等省反清志士，积极部署攻取九江，打通黔、滇的道路，正兴高采烈地酝酿着要将清兵赶出长江以南的宏大规划时，传来了郑成功南京惨败的消息，顿时感到心头一阵疼痛，情不自禁地仰天长叹道："天不佑我大明朝成功，奈何！"

一场震动全国、规模巨大的北伐战争，就这样功亏一篑。

康熙年制粉彩描金太白醉酒像

达赖五世是清初西藏黄教领袖人物，也是一个大学者，通晓梵文，有《西藏王臣史》等多种著作。

达赖五世喇嘛到北京

与皇太极取得联系

顺治帝在位时，与西藏多有使者派遣，达赖还亲自朝觐，取得了政治隶属关系。

唐卡《五世达赖喇嘛像》

达赖五世阿旺罗桑嘉措，明万历四十五年（1617）出生于前藏山南琼结地方，属琼结巴家族，父名都杜绕登，母名贡噶拉则。其家系山南地区的一个封建主，也是帕竹地方政权属下的贵族，日喀则就是帕竹地方政权封给其家族的领地，他家世袭日喀则宗本职务。1616年达赖四世喇嘛云丹嘉措去世之后，藏巴汗禁止寻找转世"灵童"，经过班禅四世罗桑却吉坚赞多方斡旋，最后才得以在他的主持下认定达赖五世。1622年，六岁的阿旺罗桑嘉措被迎入哲蚌寺供养。

17世纪初，黄教在西藏处境困难，受到藏巴汗地方政权排斥，后靠崇信黄教的蒙古和硕特部固始汗支持，擒杀藏巴汗，从此，达赖五世取代了黑帽十世活佛却英多吉，成为西藏佛教各教派中最高领袖人物。固始汗也掌握了西藏地方政权。

清王朝很早就支持达赖五世。早在皇太极建国大清时，达赖五世、班禅四世和固始汗等经共同议定，就派遣专使携带书信前往盛京朝见皇太极，书信里称皇太极是"曼殊师利大皇帝"，曼殊，汉语即"妙吉祥"意。皇太极非常高兴，亲自出城门迎接，命坐赐茶，以五日一大宴招待。

清崇德八年（1643），皇太极遣使臣察罕、格隆等，随西藏使者赴藏，分别持书信向达赖和班禅五世等致敬，书信上称达赖为"金刚大士达赖喇嘛"，并要西藏归清，摆脱明朝。这是关外清王朝与西藏通好之始。

山高路遥，行行又是四个春秋，当使臣和达赖、班禅、固始汗的特使返程时，顺治帝已君临北京三个年头了。

▶历史文化百科◀

〔机器人自动报时钟〕

清初江宁（今江苏南京）人吉坦然吸收欧洲钟表技术，制作了有机器人自动报时的自鸣钟，因表面塔状，又名通天塔。时钟共三层：下层藏有铜轮，相互牵连；中层前开一门，有时盘，正圆如桶。分为十二项，篆书十二时牌，为下轮所拨动，与天偕行，每天日夜作循环转。每一时，皆能见一个木童子，持报时牌，于中层之上鸣钟一声而下。钟之前塑有一尊韦驮像，合掌而外。全钟用铜铁，组成发条和齿轮，可以拆装，已与现代机械钟表原理相同。

世界大事记　　印度蒙　儿帝国严禁婆罗门教，毁寺院。

《清史稿·西藏传》
《清世祖实录》

达赖五世
顺治帝
固始汗
德政
尊贤

人物　关键词　故事来源

《达赖五世喇嘛觐见顺治帝图》（壁画）（右图）

这是西藏拉萨布达拉宫的殿堂壁画。从1643年起，西藏地区的六十多名画家用了十多年的时间，在布达拉宫各殿堂内的墙壁上，精心绘制了698幅壁画。这些壁画题材丰富，色彩鲜艳，是一部珍贵的历史画卷。达赖五世灵塔殿上的壁画描绘了达赖五世毕生的业绩。其中《达赖五世喇嘛觐见顺治帝图》展现了1652年正月，达赖五世在清朝官员的陪同下率随行人众三千人，自西藏启程，前往内地，觐见顺治皇帝的事迹。画家们运用连续表现的手法，再现达赖五世起程、征途、抵京、觐见、赴宴、游乐、观剧等一系列场面。画中顺治皇帝端坐在宝座上，达赖五世坐在顺治皇帝右侧，双手合掌，上身微向前倾，像是正在说什么，下边是几排陪宴的大臣和喇嘛。画面是在绿色底子上施以金色和朱色，整个画面显得金碧辉煌。

布达拉宫

红山是西藏首府拉萨市西北部的一座小山，在当地信仰藏传佛教的人们心中，它犹如观音菩萨居住的普陀山，因而藏语称之为布达拉（普陀之意）。举世闻名的布达拉宫就在海拔3700多米的山上依势蜿蜒修建，直至山顶。布达拉宫占地总面积36万余平方米，建筑总面积13万余平方米，主楼高117米，共13层，其中官殿、灵塔殿、佛殿、经堂、僧舍、庭院等一应俱全，是当今世上海拔最高、规模最大的官堡式建筑群。传说这座辉煌的官殿缘起于公元7世纪，当时西藏的吐蕃王松赞干布为迎娶唐朝的文成公主，特别在红山之上修建了九层楼官殿一千间，取名布达拉宫以居公主。松赞干布建立的吐蕃王朝灭亡之后，官堡也大部分被毁于战火，直至公元17世纪，达赖五世建立噶丹颇章王朝并被清朝政府正式封为西藏地方政教首领后，又开始了重建布达拉宫，时年为公元1645年。以后历代达赖又相继进行扩建，于是布达拉宫就具有了今日之规模。

达赖多次派使者上京

顺治元年（1644），清朝迁都北京后，不久就派专使去拉萨迎请达赖五世和班禅四世。

顺治四年（1647）二月，北京执政的多尔衮，又派出由格隆和喇嘛、侍卫组成的代表团再去西藏，向

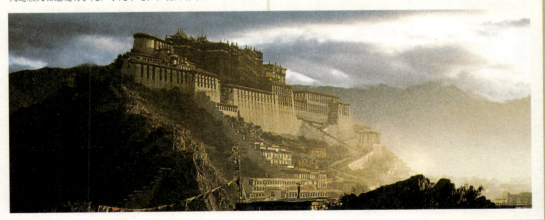

藏族医学经典《四部医典系列挂图》
此图描绘了近百种医疗器械的图形，从中可以推断藏族医生很早就能制造精致成套的医疗器械，也反映出藏族医生对外科手术的重视。

黑白分明的藏医脉络图
藏医把人体内的脉络分为白脉和黑脉，前者指神经，后者为血管。这幅图根据《四部医典》绘制，用不同颜色的数字标明内脏脉、骨骼脉、皮肉间脉络的部位和区别。

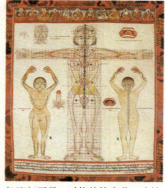

达赖、班禅和其他政教领袖致候，并各赠以武士喜爱的鞍辔、甲胄。

顺治五年（1648）三月，达赖喇嘛遣使，送上方物。

顺治六年（1649）八月，达赖喇嘛遣使至北京送上方物。并上书表示希望在顺治九年夏季，朝见皇帝；十一月，达赖喇嘛遣噶布初西喇布等朝贡，清廷赏给更优厚的礼品。

顺治七年（1650）七月，达赖喇嘛遣使，进贡佛家宝物舍利子等。

顺治八年（1651）正月，时值传统春节，达赖、班禅和固始汗各遣使上表问安。同年三月，顺治帝接见使臣，几天后，命其带着敕谕和礼品前往西藏，答复达赖请求，准他来北京。四月，又遣专使携带谕旨和礼品前往西藏，召达赖来京。

这里所录都见自顺治的实录，西藏地方和中央王朝的往来频繁可见一斑。

达赖五世赴北京

顺治九年（1652），达赖喇嘛遣使至京，请求觐见之地在归化（今内蒙呼和浩特）或代噶（今内蒙凉城）。顺治帝答复说："近来因内地西南用兵，系军国重务，难以脱身，不便出边外（长城外）远行，相见之地，可在边内某地；待战乱过去，自可亲行。"但在达赖提

藏医胚胎发育图
藏族医生对于人体胚胎发育有独到的认识，认为男女精血相合而受孕后，经过鱼期、龟期、猪期三个阶段发育成熟。与脊椎动物的鱼纲、爬行纲、哺乳纲的进化顺序相一致的。藏医对于人的胎儿、脐带和母体子宫之间的相互关系，在一千一百多年前就有了比较科学恰当的比喻。彩绘胚胎发育图反映了藏医对胚胎发育过程的独到见解。

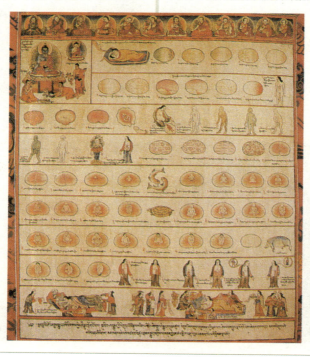

清代地方主要官制表

官阶		品级	职责	备注
省级	总督	正二品	统辖一省或数省的军政最高长官	凡加尚书衔为从一品。漕运、河道总督同。
	巡抚	从二品	管辖一省，仅次于总督	凡加兵部侍郎衔为正二品。又，巡抚通常均兼侍郎衔，因之称"部院"。凡不设总督省之巡抚，多加提督军务衔。
	布政使（藩司）	从二品	一省行政，总管钱谷出纳	为巡抚之副，通常巡抚开缺，多由本省布政使署理。
	按察使（臬司）	正三品	掌一省刑名弹劾	凡大案件与布政使会理，报巡抚。
	提督学政		掌一省学校、士习、文风	以进士出身的侍郎、京堂、翰林官等充任，各带原衔品秩，三年简任。
道员		正四品	辅佐两司，负责某方面或地区政务	另设有兵备道、粮食道、盐法道等。
知府		从四品	总领各属县	乾隆十八年（1753）定制，佐二官有同知（正五品）、通判（正六品）。
同知通判		正五品正六品	厅行政长官	凡属于省的直隶厅，与府直隶州同级；属于府的为散厅，与州、县同级。
知州		正五品	州的行政长官	直属州为正五品，属州知州为从五品，佐二官有州同、州判。
知县		正七品	县的行政长官	县佐二官有县丞（正八品）、主簿（正九品）、巡检（从九品）、教谕（正八品）。

出约见之地请求还未接到顺治帝答复时，他已率领一支三千人的庞大队伍，由年老未能赴北京的班禅四世、固始汗等远送至达木，取道东来。他们行至青海境后，沿途就有官员迎送并从国库里取出口粮供应。在途中他才接到顺治帝答复，而后再次上疏说边内多疾疫，在边外相见为便。顺治帝答应了，执意破例出边去代噶远迎。后因诸臣以当年天象非常不宜出宫为由，这才改变主意，改派和硕承泽亲王硕塞等亲贵出边远迎。

同年十二月，达赖喇嘛乘坐顺治帝特赐的金顶轿来到北京南苑，顺治帝以隆重的狩猎仪式不拘礼节地会见，并举行盛大宴会。当天即令户部拨布施白银九万两；并请他住进黄寺，这是特地在京师北郊建造的。达赖五世也送上进贡马匹、方物。不久固始汗也派专使到北京，向顺治帝上表，进贡方物，并请达赖五世早日返回西藏。

返回拉萨

达赖五世在北京住了两个月。翌年二月，他以水土不服为由，请求返藏。几天后，顺治帝在太和殿设宴，赏赐给达赖黄金五百五十两，白银一万一千两，大缎一千匹和其他珍贵物品。命硕塞伴送到代噶。临行时，又命和硕郑亲王济尔哈朗等在南苑德寿寺钱行。

四月，当达赖一行到代噶时，顺治帝又派礼部尚书觉罗朗球等送来有满、汉、蒙、藏四种文体的金册、金印，封他为"西天大善自在佛领天下释教普通瓦赤喇怛喇达赖喇嘛"。

达赖回拉萨后，即由原居的哲蚌寺迁居已扩建的布达拉宫，还亲自前往日喀则扎什伦布寺看望他的老师、八十八岁的班禅四世。　〉盛巽昌

皇帝跪拜孔子

入关后逐步汉化的满洲贵族已认识到，马上治天下要靠儒家学说。

清初诸帝为了实现统治的稳定，从顺治帝始，都十分重视儒学，特别表现在尊崇孔子。

大成至圣文宣先师

顺治二年（1645），清王朝入关建都的第二年，就将国子监所奉孔子神位，改为"大成至圣文宣先师"，并诏令全国通行。从此，凡有读书人聚居、教育之处，比如家学、私塾所立的孔子神位，都用这个尊号。

顺治帝亲政后，他亲率大臣到太学参拜孔子，还在孔子牌位前带头行二跪六叩礼。赏赐孔子和颜、曾、思、孟四氏子孙祭酒、司业等官职。顺治十四年十月，又举行了有清一代首届经筵大典。入关后逐步汉化的满洲贵族已认识到，马下治天下要靠儒家学说，它对于国家安定、发展有重要的价值。

行三跪九叩大礼

康熙帝自幼好读书，即位后，更加尊崇儒学。他对孔子崇奉备至，

康熙八年（1669），康熙帝十六岁就主持了隆重的参拜孔子大礼，先期斋戒，参拜之日在孔庙橹星门外下辇，然后步行到孔子神位前，行二跪六叩之礼，并在彝伦堂听国子监祭酒讲《易经》、司业讲《书经》。接着，确定每年春秋两季举办经筵大典。

康熙二十三年（1684），康熙帝首次南巡返程，途经曲阜，特地赴孔庙拜谒。这天，他在奎文阁下辇，步入大成殿，在孔子塑像前竟行了过去帝王从未有过的三跪九叩的大礼，且宣读御制祝文，赐手书"万世师表"巨匾。又在孔子墓前酹酒祭奠，行三叩礼，还说："朕今亲诣行礼，务极尊崇至圣，异于前代。"为了显示皇家对孔子的超规格礼遇，乃将皇帝出行的仪仗曲柄黄盖等，留在庙里，每逢四时祭礼时展示。

这次曲阜祭礼，表示了清王朝尊孔的升格。

改"丘"为"邱"

雍正帝对孔子的尊崇，更超越于父亲康熙帝。

黄色缂丝孔雀毛龙寿字蟒袍

公元1673年

世界大事记

公元 1673 年

日本准许与英国通商。英国以国王为教会最高元首。

顺治帝　康熙帝　雍正帝　权术　尊贤

《清世祖实录》《清圣祖实录》《清世宗实录》

人物　关键词　故事来源

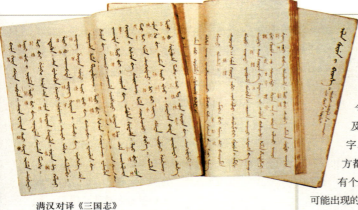

满汉对译《三国志》

这是顺治七年（1650）内府刻本的满汉对译《三国志》，足见清朝皇族对汉族文化学习的重视。

他曾亲书"生民未有"匾额，命悬挂于全国各地学宫，又亲祭孔子。过去帝王在奠帛献爵时，从不行跪拜礼，他径行下跪，说："若立献于先师之前，朕心有所不安。"

他特别在文字上做功夫，表示对孔子更加崇敬。雍正二年（1724），将皇帝"幸学"改称"诣学"。他说：过去帝王赴学宫称为"幸学"；尊帝王之巡幸，这本是臣下尊君的意思，但朕实是于心不安。今后凡去太学，所有记述都必须"将幸字改为诣字，以申崇敬"。

> 历史文化百科

〔清代孔府〕

山东曲阜城内的孔府，亦称"衍圣公府"，始建于宋宝元年间（1038—1040）曲阜旧城内。明洪武十年（1377），"移县城卫庙，改建衍圣公府于庙东"，即是后来的孔府。清代时又加以扩建，增建若干建筑物，使之更具规模。清代的孔府宅第，拥有各式厅、堂、楼、阁共四百六十三间。九进院落，占地二百四十多亩。前四进院落，为孔府"六厅"官衙，是管理、惩罚、刑治地方民人及孔府佃户的场所。后五进院落及后花园是住宅。东西两旁则有御书楼、慕思堂、红蓼轩、忠恕堂、安怀堂、东西南花厅、学房、佛堂楼、一贯堂等。

更有甚者，他为了尊孔，竟充分运用了帝王避讳。雍正三年（1725），雍正帝别出心裁，下令孔子的名讳，凡地名、姓氏以及其他涉及的，都必须敬避。由此通令全国，以后除"四书"、"五经"外，凡有涉及，都得加"阝"旁，作"邱"字。这个"邱"字，一直延续至今。相传有个争地的官司，双方都有地契佐证，拖了几十年未能定案。后来有个聪明的官员，从原告手持的康熙契约上，不可能出现的"土邱"字样，而判定他系伪作。

> 盛巽昌

《千岩竞秀图》（清·程邃绘）

程邃（？—1691），字穆倩、朽民，号垢区、青溪、垢道人、野全道者、江东布衣，歙县（今属安徽）人。晚年寓居扬州。明末清初篆刻家、书画家。擅山水，初仿巨然，后纯用渴笔焦墨，为新安画派中主要画家。此图虽咫尺画面，却气势开阔，布局平中见奇。

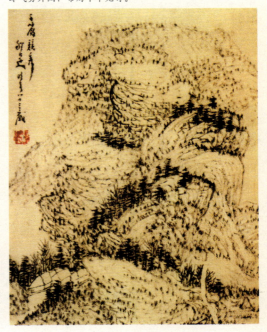

丁酉科场案

朝廷对江南科场的处罚，实在是非常苛酷。

自从隋唐推行科举制度以后，读书人悬梁刺股，十年寒窗苦读，一朝功成名就，便春风得意。然而，顺治十四年（1657）丁酉科场案的发生，将科举制度的积弊暴露无遗。

考官被告发

这一年顺天乡试，钦点翰林院侍读曹本荣和侍讲宋之绳为主考官，房考官有李振邺、张我朴、郭濬等十四人。这些考官一下子捞到了肥缺，个个通关节，受贿赂。特别是那个从大理寺评事选出来的李振邺，年少轻狂，更无顾忌，做起手脚来不考虑后果。

有个名叫张汉的，曾经帮李振邺介绍了不少关节，以此用为录取他的交换条件。可是，李振邺发觉此人从中私吞了银两，一气之下，便让他名落孙山。这下惹恼了张汉，便一张状纸将李振邺告到科道衙门。

顺治帝得知此事，勃然大怒，降旨吏部和都察院一同会审。结果，李振邺等七人被处死问斩，家

体现等级制度的建筑装饰：午门上的铺首及门钉
古代建筑中，"门"作为建筑部件之一，同时具有实用的功能和象征的功能。门钉装饰在门扇上，像浮在水面的泡，而铺首是具有实用功能的门环。中国建筑等级制度不仅对各阶层建筑的规模型制、材料构造有严格限定，同时还专门对"门"这一标示等级、地位的符号，来象征居住者的身份。在油漆颜色、铺首兽面、门环用材、门钉数量等方面有详尽的规范。午门是紫禁城的正门，九九八十一个门钉与铺首体现封建帝王和皇权至高无上的地位。

从实用到装饰：太和门梁架彩画
中国古代建筑采用木柱木梁构成房屋框架，屋顶与房檐的重量通过梁架传递到立柱上，墙壁只起隔断的作用，不承担房屋重量。太和门的柱子、梁架用于装饰，用丹红装饰柱子、梁架，在斗拱梁等处绘制彩画。平面铺开式的古典式建筑，大量体现帝王至高无上的思想，体现在建筑形式上就是等级制的运用，无论是屋顶的建筑样式还是建筑彩画的图案，都着重体现皇权威严的主题。

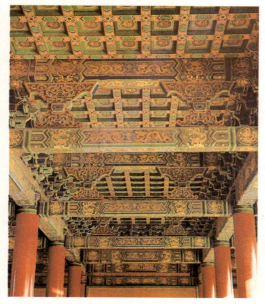

中财物抄没，妻儿老小一百零八人全流放到关外。主考官曹本荣连降五级，受到牵连的达一百多人，刑部拟斩四十人，经皇帝宽大，免去死罪，杖责后流放到边远地区。

顺天科场案好像一石激起千层浪，各地接二连三又揭发出不少类似的案件，其中震动最大的要数江南科场案，此案与顺天府案发生在同一年。从明代起，江南乡试在读书人心目中就有着重要地位。因那时实行两京制，北有顺天府，南有应天府，都设国子监，乡试同时并举。清代撤应天府改为江宁，但读书人仍以顺天、江南两地马首是瞻。

这年江南乡试钦点方猷、钱开宗为正副主考官。二人纳贿舞弊，专取行贿知己之人，一发榜，就有下第士子大闹起来，拦住考官恶声怒骂。甚至有大批士子追赶方、钱二人的船叫骂，朝船上扔掷砖头瓦块。

至高无上的皇权象征：太和殿

太和殿俗称金銮殿，是明清皇帝举行典礼的大殿，为展示皇权至高无上，装修十分豪华。明清两朝在这里举行盛大典礼，主要包括皇帝即位、皇帝大婚、册立皇后、命将出征，以及每年元旦、冬至、万寿（皇帝生日）接受朝贺及赐宴等。皇帝的宝座在太和殿中央开间的后半部，下面是有七层台阶的高台，宝座上中央为皇帝的御座太椅，屏风和御座上遍布着龙的装饰，椅座、椅背、椅扶手、屏风扇面、屏风头到处都是木雕金龙，御座左右还摆有香几、香筒等陈设。

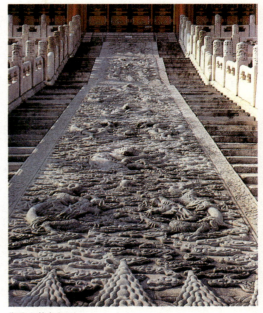

御路上的象征石

保和殿在故宫中和殿后，为故宫三大殿之一。明永乐十八年建，初名谨身殿，嘉靖时改名建极殿，清顺治时始称今名。乾隆时重修。清时每年除夕和元宵，皇帝在此宴请王公贵族和京中的文武大臣。保和殿也是清代科举考试最高一级殿试的处所。保和殿北面御路的石阶中道下层有一块云龙石雕，在故宫中最大、最宏伟，它用整块艾叶青雕成，重达二百吨，九龙飞腾在大海和流云之中，象征着真命天子一统山河。

> **历史文化百科** <

〔清代科举制度〕

清代科举制度，应试必从童生开始，基本教材是朱注"四书""五经"，以后各级科考的八股文题目，皆出其中。经县试中秀才取得院考资格，方能参加三年一次的院考。院考分六等，前二等即能参加乡试，合格的称举人，可参加会试。会试一般取三百名左右，称贡士。贡士也叫贡生，有资格进入中央的国子监读书，也有资格参加殿试。殿试成绩分三甲，一甲三名，称赐进士及第，二甲十七名，称赐进士出身，余为三甲，一般不再淘汰，都能授予不同官职。

过后，更有人根据此事编成《万金记》传奇剧本，《万金记》的取名，是将"方"字砍了脑壳，将"钱"字劈成两半，暗喻对方、钱两个主考官的憎恨和诅咒。

事情闹大了。都察院谏官、给事中阴应节出面弹劾，揭发了方猷等人得贿卖放、弊窦多端的丑事，特别提出现任少詹事方拱乾的儿子方章钺不该录取却被录取了。

顺治帝览奏降旨："方猷等人奉钦点江南主考，临行前朕当面特意关照，还敢如此猖狂，实在可恶。着将方、钱二人并连同该科考官一起，革职严讯。并将方章钺速拿来京详审。"

不久，御史上官铉又揭发舒城县知县龚勋去年任江南科场考官时曾被士子凌辱，事情可疑，恐与科场舞弊一案有关。顺治帝也批示"着严察逮讯"。

江南举子北京复试

揭发检举接连不断，最后，顺治帝同意礼部意见，由皇帝亲自拟定复试日期，召录取举人来京面试。江南会试立即停止。

复试这天，一百多个举人集中到北京太和门外，顺治帝亲临前殿坐镇。北京的冬天来得早，举人们跪在积雪冻冰的地上答卷，双手冻僵，浑身颤抖，不仅因寒冷彻骨，还因每人的背后都有两名手擎大刀的满族士兵监守着，试场内竟有一队队士兵穿梭般来回巡逻。考场简直像刑场一样。有些人见了如此场面，才情一下子飞到九霄云外，哪里还做得出起承转合的八股文来。但是，不管你是真做不出还是假做不出，凡

交白卷，统统重责四十大板，查抄家产，连同父母兄弟妻子儿女，一齐被流放到黑龙江宁安县宁古塔的流放集中营去。

江南科场案前后审理了一年多，其结果，方猷、钱开宗二主考官被处斩刑，家产充公、妻妾儿女入宫为奴。其他考官、监场官员十八人，除卢铸鼎死于狱中外，全被处以绞刑，家产家属也被官家没收。此外，受牵连降职降级的官员还有好几个。有人说朝廷对江南的处罚比顺天要苛酷，这或许是清朝统治者对江南地区抗清运动的一种报复吧！

《江山卧游图》（局部，清·程正揆绘）
程正揆（1604—1676），初名正葵，顺治时改正揆，字端伯，号鞠陵，晚号青溪道人，孝感（今属湖北）人。明末清初画家。崇祯四年（1631）进士，入清官工部右侍郎。与髡残（石溪）友善，合称"二溪"。《江山卧游图》为其代表作。此图为《江山卧游图》第二十五卷，构图气势雄伟，笔势韧劲奔放。

○二五

李定国 勇敢

李天根《痛火录》

黄宗羲《永历纪年》

人物 关键词 故事来源

李定国两蹶名王

李定国两次大胜，是多年罕有的。

南明最后一个永历王朝，能够维持十九年，多半是靠大西军支撑；大西军的后期统帅，是智勇兼备的李定国。

崇仰忠臣烈士

李定国是张献忠部将，十岁就参加了农民起义。因为英勇善战，有"小尉迟"、"万人敌"之称。他十七岁就带兵两万。张献忠死后，李定国与孙可望等转战四川、云、贵，对永历帝表示拥戴。

在军营中，李定国闲时喜欢听讲《三国演义》等故事。有次幕客金公趾讲蜀汉故事，说他像诸葛亮。他说："我对孔明可不敢望，要是如果能做到像关羽、张飞那样，也就不错了。"

有一次，在广西桂林七星岩，在听讲南宋灭亡史事后，又说："文天祥、

乾隆时的前门街市图一
本图采自清《乾隆南巡图卷》，作者徐扬等。南巡是清时的重大政治和社会活动。此图卷首展现出乾隆皇帝出京师的宏大场面，也反映出前门大街的繁华景象，从侧面反映了当时的风土人情、地方风貌，以及经济文化繁荣的景观，是极具历史价值的画卷。

陆秀夫、张世杰诸公，精忠浩气，足可以光照青史，正是我的榜样啊！"

攻进桂林城

清顺治九年（1652），李定国率步骑八万，由武冈出全州，向攻陷桂林的清军主力孔有德发起进攻。

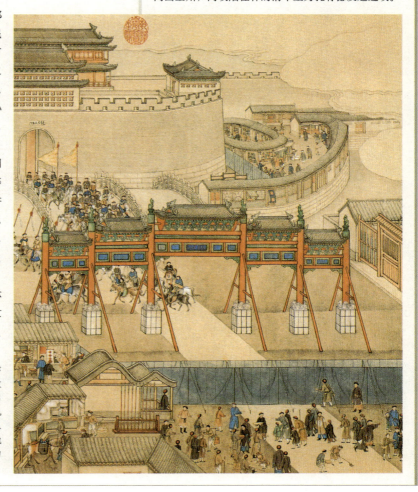

公 元 1 6 7 8 年

乾隆时的前门街市图二

乾隆时的前门街市图（局部）

李定国的将士纪律严明。在誓师时，他再次向全军重申了五项纪律：一不杀百姓，二不放火，三不奸淫，四不宰耕牛，五不抢掠财物。他的军队因此很受民众拥护，一路上势如破竹，在全州附近的严关，清军严密布阵，水泄不通。李定国动用了从云南征调的二十头巨象，带头冲破了敌方防线，闯过了严关。孔有德再次于榕江布阵，双方尚未交锋，李定国将巨象驱赶出阵，尘沙蔽日，清军精骑听到象叫声就颤抖不已，不战就转身奔逃。李定国乘势掩杀，清军大溃。孔有德仅只身逃进了桂林城。

清乾隆透雕群真海会图

此图杯身作山石状，杯外镂制海上群仙祝寿场景。人物众多，主次难辨，并有亭台楼阁隐现于古树之间，口沿内侧浮雕龙纹，龙在云中翻腾，与群仙呼应。杯底有"大清乾隆仿古"款识，整个器的雕琢繁复、纤巧，有明显的清代器物风格。用犀角制成杯形，有祈求养生健身之意。

清代宫廷医疗保健器具

这件推背器是清代宫廷所用的医疗物理治疗器具，可隔衣在身上滚摩，治疗肌肉酸疼，促进局部或全身的气血运行，达到舒筋骨、活气血的目的，并能助药力，起到药物之所不及的作用。

李定国大军围困了桂林。他张大营于城北，占领了周边山头，居高临下。三天后，巨象群撞开了城门。孔有德走投无路，被逼自杀。

李定国乘胜北上，攻占了衡阳、长沙、岳州等地，辟地三千里。他的将士虽然有一半是瑶、壮、苗、傈僳各民族的子弟，但却相处无间，而且确实奉行了军纪，据当时人记载，在他们驻扎长沙半年期间，当地民众竟不知有兵在身旁呢！

> 历史文化百科

〔顶戴花翎〕

顶戴俗称顶子，是装在官帽顶端的珠子，标志官级：一品为红宝石，二品为珊瑚，三品为蓝宝石，四品为青金石，五品为水晶，六品为砗磲，七品为素金，八品为阴文镂花金，九品为阳文镂花金。花翎即官帽顶上向后拖垂的孔雀尾羽，分三眼、双眼、单眼，三眼花翎只授予亲王等权贵，虽高至总督，将军亦只是双眼。无眼的则称蓝翎。顶戴花翎是清代官僚制服独特的品秩标志，也是一种地位和荣誉的象征。通常罢官，即是将所插翎尾拔去。

乾隆年制广彩人物花鸟盆

杀死敬谨亲王尼堪

　　清廷大震，当时竟还提出放弃南方七省的设想，最后仍决定征战，派敬谨亲王尼堪为定远大将军带兵十万南征。出征的那天，顺治帝亲自在南苑辞行，对他寄以厚望。

　　这年十一月，尼堪大军进入湖南，首战就大败明军，占领湘潭，李定国为诱敌深入，当即主动放弃了长沙。

清通惠河漕运图局部（及右图、右页图）
这幅画卷描绘清代康熙年间通惠河漕运的情况，通惠河开凿于元代，沿用至清，为适应水源减少的现象，清代实行倒载制，漕粮由人夫搬运到闸上游停泊的船只中。这种情况在图卷中有准确的反映。

　　尼堪求胜心切，亲自率轻骑星夜紧追。李定国命将士故意在退往衡阳途中抛盔丢甲，而在林木茂密处设伏。尼堪沿途追赶，自以为胜利在望，连夜上书北

《渔家图》（清·谢彬绘）
谢彬（1604—1681），字文侯，上虞（今属浙江）人，居钱塘（今杭州）。明末清初画家。工人物画，草草数笔，喜怒毕肖，间作山水，近吴镇，笔墨苍浑，气韵生动。此图芦丛中露出数艘渔舟，有妇女正在哺乳，有渔夫在酌憩息。有的奏笛自娱，有的带着鱼鹰归来，表现了渔民俭朴的生活。

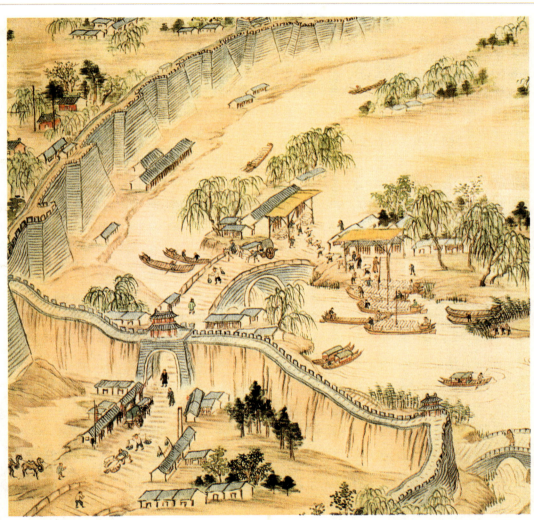

京先预告了凯旋消息。奏报中说："现在就要天明，我将攻下衡阳城了。"

天明，正当尼堪军接近衡阳城时，埋伏在树林里的李定国将士从后面抄袭过来，金鼓齐鸣，巨象带头冲锋，激战中，尼堪马陷泥潭，被乱刀砍死。

一个月后，当顺治帝接到尼堪进攻衡阳前的捷报时，他早已死去了。

李定国两次大胜，是多年罕有的。后来黄宗羲称赞说："李定国桂林、衡阳之战，两蹶名王，天下震动，此自万历戊午（1618）以来全盛天下所不能有。" 盛巽昌

○二六

永历帝在劫逃难

为了乞求活命，永历帝竟向吴三桂讨饶，但仍被弓弦缢死。

永历帝朱由榔是南明最后一个皇帝。他虽做了十六年皇帝，但因懦弱、胆怯，而又贪图安逸，稍有风吹草动，就带头逃跑，最后仍被俘杀死。

胆小怕事，只会逃命

清顺治三年（1646），桂王朱由榔在广东肇庆被捧出监国，当时他的母亲就几次对拥立的大臣们说：我的儿子不行，请你们另选吧。可是，没有听从。几个月后，他更被拥戴为皇帝。

永历帝胆小怕事，贪图安逸，听到报警，就惊惧万分，立意逃跑。他是历史上最懂得逃命的一个皇帝。

开始，当他监国肇庆时，听到清军取漳州、赣州，远在几百里外，就感到不安全，逃往梧州。清军攻陷肇庆，又逃往桂林，后又逃至南宁。此后虽因李过、高一功的大西军和瞿式耜等

永历王太后像
1646年，肇庆建立以桂王为首的永历小朝廷，是南明最后一个政权。永历帝的嫡母为王太后，生母为马太后。

正直大臣抗清的胜利，一度回驻桂林和肇庆，但不久又因韶州等地失陷，闻风丧胆，逃往梧州。他在梧州不住行宫，而住进楼船，以便于逃跑。果然当清军逼近时，很快就逃到广西极边的濑湍，在风闻敌军有船只仅距百里时，则尽焚乘船，登陆逃跑。

花天酒地，奢侈无能

正在永历帝面临绝境、无可依靠的时候，盘踞云南、贵州的大西军孙可望、李定国等挽救了他。

顺治九年（1652），永历帝和他的逃亡政府被安置在贵州安隆，他改安隆为安龙府，在那里住了五年。

开始，孙可望以每年银八千两、米百石供应永历帝一家子。这在当时艰苦的年代，已是相当不错了，但他依旧花天酒地，无所用心。周围稍有识见的人都认为这人真比刘禅还要无能，比福王（弘光帝）更要奢侈。而他的治政本领，就是在孙可望和李定国之间搞暗箱操作，挑拨离间，力图引起他俩的倾轧。起初，下密诏给在外作战的李定国前来救他。当此事为孙可望得悉，派人前来责问、查证时，他胆战心惊，作遁词说：哪有此事，现在外面假敕很多，你们要认真查才是。当同谋大臣被锁拿，追究主谋，竟还放声大哭说：汝等逼朕认出，朕知是谁？这时，他见孙可望逼宫，只得下诏罪己，并发表声明说：全仗有秦王（孙可望），否则就没有我了。

乾隆年制珐琅彩黄地开光洋人山水绶带葫芦瓶

世界大事记

英通过"人身保护法案"。法与神圣罗马帝国签订尼姆韦根和约。因此条约始以法文替代拉丁文，此后法文即为外交上使用之第一文字。

徐乾学 小腆纪传
郑达 野史无文
江之春 达安隆纪事
永历帝 孙可望
浅薄 愚蠢

人物　关键词　故事来源

孙可望此后更加忌恨李定国，对永历帝这种幼稚、可笑动作，也表现了极大的轻蔑。永历帝在安龙日子就难过了：孙可望麾下的武人经常闯进皇宫，挟弹射鸟，文人乘着轿子进进出出，旁若无人；在写的皇室供销册中，干脆写"皇帝一员，皇后一口"，安龙也被改称为"安笼"。

在缅甸被捉讨饶

顺治十二年（1656），李定国击败孙可望，进据安隆，将永历帝移驻昆明。孙可望在反攻云南失败后降清，尽把内部虚实透露于敌。两年后，清军三路进攻云南，李定国在战败后，向永历帝提出最佳方案：移往湘粤边区，团结各民族，胜则据大理等地，败则由交趾出海，与郑成功会师。但贪图安逸的永历帝认为大明不可能中兴了，听从沐天波意见，到缅甸去避难。

> ▶历史文化百科

[满汉结合妇女妆]

清入关以后，满人汉化，同时汉人也从满族文化中汲取了营养。满族妇女向不裹足，而汉族妇女缠足习俗极深，使清帝不得不废除裹足禁令，故满族上层妇女亦有渐习缠足者。满族妇女着旗袍，梳又子头。汉族妇女亦模仿清宫女子装束，梳头时将头发平分两把，以高髻为尚，又在脑后垂下一绺头发，修成两个菱角，时称"燕尾"。而旗袍服饰也在不断改进中流行开来，充分显示出女性身材风韵，终成中国近现代妇女普遍喜爱的民族时装。

《秋景山水图》（清·吴历绘）
吴历（1632—1718），字渔山，号墨井道人、桃溪居士，常熟（今属江苏）人。清初画家。擅画山水，得王时敏正传。与"四王"及恽寿平合称"清六家"，或称"四王吴恽"。此图是作者于康熙三十二年（1693）为汲古阁所绘。

永历帝躲进了缅甸。在此期间，李定国等多次率军前来迎接，都被他以"朕已航海，将军善自为计"挡了回去。他在缅甸忍气吞声，缅甸王在吴三桂军进逼后，将他送出。他为了乞求活命，向吴三桂讨饶，表示"倘得与太平草木，同露雨露于圣朝"，但吴三桂仍将他和家属押解昆明，几个月后，命人用弓弦将永历帝和他的儿子缢死。 ▶盛巽昌

《长松仙馆图》（清·王鉴绘）
王鉴（1598—1677），字圆照，号湘碧，又号染香庵主，江苏太仓人。明末清初画家。王世贞孙，崇祯六年（1655）举人，善画山水，笔法圆浑，用墨浓润，蓄古尤精，与王时敏齐名。为清初六大家之一。此幅仿元王蒙画法，描绘苍松峻岭中的书馆仙居，用墨浓润苍秀。

天花搅乱满宫廷

顺治帝出痘

病入膏肓的顺治帝同意立第三子玄烨为皇太子。

顺治十七年（1660）底，顺治帝出痘，消息一传出，内宫一片混乱。太监、宫女慌忙将太医的诊断报告送给太后，一面把原先为庆贺元旦布置的彩灯全都撤掉。皇太后一脸肃穆，亲自带领后妃们到痘疹娘娘庙拜祭，祈祷皇上平安。

痘疹就是天花。清王室出身关外，不像汉人对天花有传统的抵抗力。初入关时，感染天花的满人十有八九不治身亡，所以无不闻天花而色变。现在，年轻的皇帝得了此病，当然更加可怕。

礼部接到宣布免去元旦大朝庆贺礼的懿旨，十分紧张，不知宫中发生了什么重大的事。直到大年初四，朝廷才正式发出公告，说皇帝得了天花，要求全国上下"毋炒豆，毋点灯，毋泼水"，并实行大赦，除十恶死罪者外，释放所有在押人犯。

孝康章皇后（左图）
孝康章皇后（1640—1663），佟佳氏，康熙皇帝生母。顺治帝娶一等侍卫佟国维的姐姐佟佳氏为妻，佟佳氏所生第三子即康熙帝玄烨，后被尊为孝康章皇后。

明清两代后妃居住的宫殿：景仁宫
景仁宫，内廷东六宫之一，明清两代后妃居住的宫殿。明永乐十八年（1420）建成，初名长安宫，嘉靖十四年（1535）更名景仁宫，清代沿用明朝旧称。顺治十一年（1654）三月，孝康章皇后在此宫生下爱新觉罗玄烨，即一代明君康熙皇帝。这里先后还是雍正皇帝的孝圣宪皇后，即乾隆帝生母以及光绪皇帝的珍妃的寝官。

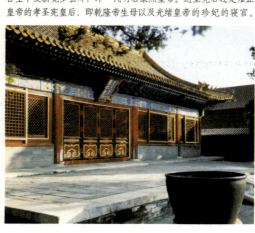

福临自己已经感到生命危在旦夕。他六岁被叔父抱上皇位，皇父摄政王的心腹党羽常常戏弄他，并不把他放在眼里。十四岁亲政，日理万机之余，还得对付那些皇权觊觎者。虽是皇帝，也有七情六欲，他对一位满洲军人之妻董氏产生了狂恋之情。其夫羞愤而死，妻子便被封为董鄂妃，产下一子，然而仅仅三个月便夭折了。他大为悲伤，破例封之为和硕荣亲王。不久，荣亲王的母亲、芳龄二十二岁的董鄂妃也死了，他伤心得痛不欲生。这两

顺治帝孝陵石牌坊

孝陵是清世祖爱新觉罗福临（顺治皇帝）的陵寝，也是清朝统治者在关内修建的第一座陵寝，规模宏大，气势恢宏。位于昌瑞山主峰南麓，背靠昌瑞山，前临金星山，位居陵区主轴线上。后世四座帝陵依次分列左右。孝陵的陵址是由顺治皇帝生前择定的。但由于定鼎之初，战事不断，加之顺治帝正当英年，并未急于兴建。直到顺治十八年（1661），顺治帝崩逝后才开始兴工，到康熙三年（1664）十一月，主体工程告竣。石牌坊是孝陵第一座建筑，它标志着陵区的开始。牌坊通体由汉白玉石料雕刻而成，宽31.35米，高12.48米，五门六柱十一楼，是中国现存石牌坊中最宽的一座。

孝康章皇后谥册

孝康章皇后的谥册为汉白玉质，共十片。

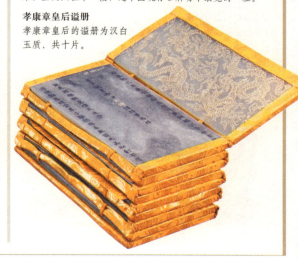

> ### 历史文化百科

〔清代一大祸害：天花（痘疹）〕

中国是最早发明治疗天花（痘疹）、种人痘疹的国家。据史书载，天花是在东汉初年，从西域传入中国的。古代中国就对它有研究，晋葛洪《肘后方》就有记载。唐开元时，江南赵氏始传鼻苗种痘之法，北宋10世纪末就采用人痘接种术。此即为世界最早的种痘。但在农耕社会，此种人痘接种术不甚普及。清（后金）因始在边地，对天花的病源、症状也不甚了了，不知如何治疗，故出现有天花传染而死的。

18世纪初，中国种人痘术传到欧洲，当时的英国民间医生琴纳（1749—1823），即在种人痘术启发下，才发明了种牛痘术。但在中国，直到20世纪40年代末，种牛痘术仍不普及，以至仍多有患天花而死的。

次精神打击，大大损害了他的身心健康，也大大削弱了他对疾病的免疫力。因而董鄂妃死后仅仅半年，他就染上了天花。本来就赢弱的身体，如今更加骨瘦如柴，魂不守舍。看看实在拖不下去了，在立嗣子的问题上，他只得同意了母亲要他立第三子玄烨的主张。他派人去征询钦天监负责人汤若望的意见，那个德国传教士认为，玄烨已出过天花，有了免疫能力，可以入选为皇太子。事情就这么定了。

康熙帝登基

正月初六夜间，顺治帝眼看自己已病入膏肓，朝不保夕，急召王熙和麻吉勒到养心殿来写遗诏。王熙才记录了第一段，顺治帝便支持不住了。王熙说，要么我们先拟个稿子罢。他点了点头。二人就去乾清宫西朝房连夜赶写，完了马上过来让皇上过目。他挣扎着修改了三遍，才算定稿。此时，天色已经放明。

整整一天，顺治帝躺在榻上闭目喘息，熬到半夜终于咽气了。

第二天，宫里头忙着要给先帝办丧事。次日一早才向群臣宣布治丧消息，谕令百官一律在自己衙门守制。

孝康章皇后谥宝印面
孝康章皇后谥宝印面文字为满汉两种文字。

孝康章皇后谥宝
清顺治孝康章皇后佟佳氏，本汉人，后改入满族，康熙皇帝生母，二十四岁卒，谥号"孝康章皇后"。

治丧期二十七天，任何人不准私自回家，头九天里，每日须到乾清门外哭丧。国不可一日无君，也就在这一天，一个身材匀称、鼻尖稍圆略带鹰钩状、五官端正有着不太明显麻点脸盘的孩子，登上了皇帝宝座。他便是爱新觉罗玄烨，也就是大清入关后的第二个皇帝康熙帝。

孝康章皇后谥宝文
孝康章皇后死后累次增谥，至乾隆时为"孝康慈和庄懿恭惠温穆端靖崇天育圣章皇后之宝"。

金圣叹是清初文艺评论家，他对清王朝是举双手拥护的，但是并非唱赞歌就会为官府信用。

哭庙案

金圣叹既是哭庙的召集人，又是哭庙文的起草者，故遭严办。

耳闻感恩，北向叩首

顺治十七年（1660）春，五十二岁的金圣叹，从一位来自京师的友人处得悉，当今皇帝读到他所批注的《西厢记》时曾对翰林们说：此是古文高手，莫以时文眼看他。他听了此说，也不知真假与否，大为感恩，涕泪俱下，朝着北面连连叩头。并写了《春感八首》，诗中说："忽承帝里来知己，传道臣名达圣人。合殿近臣闻最切，九天温语朗如神。"

他是多么拥护大清皇帝啊！

借哭灵控告知县

顺治帝死了。

皇帝死是国丧。二月初一，哀诏传到苏州，巡抚

清嘉庆刻本《金圣叹批第六才子书》书影
金圣叹（1608—1661）为清代著名的文学批评家，他将《离骚》、《庄子》、《史记》、杜甫诗集、《水浒传》、王实甫《西厢记》称为"六才子书"，并对后两种书作了批点。《金圣叹批第六才子书》即批点的《西厢记》。

以下的官都得接连三天设幕哭灵。

金圣叹与倪用宾等人商量说："吴县知县任维初，贪污盗卖仓粮千余石，却将亏空分摊各户补齐，有不交的就滥用非刑催逼。我等何不利用这次哭灵的机会控告他们一下？"他的意见得到大家赞同，他们决定到文庙鸣钟击鼓，用散发揭帖的方法揭露和控告这个贪官。

向孔夫子申诉怨愤

秀才们揭帖一散发，立刻轰动了苏州城，民众纷纷责骂任维初，有人甚至声称要将他痛打一顿，以解心头之恨。江苏巡抚朱国治见秀才闹事，就以对命官敢于扛打，目无朝廷为借口，捉了倪用宾等人关进监牢。

金圣叹对这种官官相护的做法十分气愤，第二天，就动员了更多的书生聚集到孔庙，向先师孔老夫子申诉怨愤，表示抗议。当时苏州一带有个习俗，读

体现印刷进步的彩色书画集《清芥子园画传》
雕版印刷在清代仍十分流行，康熙年间（1662—1722）印制的《芥子园画传》就是代表之一，它是在彩色套版技术的基础上，采用饾版印制的一部彩色书画集。

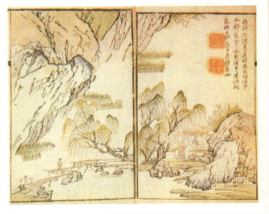

书人受了委屈，便将心事写成文章，穿上儒家冠服，到孔庙把写好的文章撕裂，算是向孔夫子抒发了自己胸中的不平之气。这种举动叫做哭庙。金圣叹等哭庙时，鸣钟击鼓，声势浩大，惊动了四方，一下子几千群众汇集到孔庙，简直成了反贪惩腐的一次民众大示威。

显示皇家贵气的黄地珐琅彩花卉瓷碗
清康熙时受到外来瓷的影响，研制出珐琅彩瓷，这个珐琅彩花卉瓷碗，色彩明艳，华贵富丽，明黄色显示了皇家贵气。

南京三山街刑场

这可犯了清朝的禁忌。一年前，朝廷已针对明末以来江南知识分子的结社活动颁发了禁令，严禁结社订盟和任何形式的结聚。朱国治见这些秀才聚众，就说是造反，马上派兵镇压，将逮捕到的人押到南京，一面向朝廷报告，说这帮秀才国丧期间纠党肆横，结聚孔庙惑众滋事，震惊先帝（顺治帝）之灵，实属罪大恶极。金圣叹既是哭庙的召集人，又是哭庙文的起草者，尤应严办。朝廷接报，派侍郎叶尼到苏州核查后降旨，令将金圣叹、倪用宾等人不分首从，一律处死。

顺治十八年（1661）七月十三日，上午九时许，一干人犯在森严禁卫中被押往刑场。为防止他们乱说，每人口中塞着一小块枣木。刑场设在南京城南的三山街上，街旁三步一岗五步一哨。午时三刻一到，号炮轰鸣，一百二十一名犯人被处以死刑。其中斩首的有七十人，凌迟的有十八人，余下的都是绞刑。满街血肉狼藉，血腥气扑鼻。

透雕加彩套瓶
清代康雍乾时期，景德镇陶瓷业再度繁荣，这件瓷瓶腹部为透雕，并有和谐巧妙的装饰花纹，瓶的全身加彩，精致华美，富丽堂皇，是古瓷器中的精品。

索尼诰封碑
索尼（1601—1667），赫舍里氏，满洲正黄旗人。顺治帝去世时留下遗诏命索尼、苏克萨哈、遏必隆、鳌拜四大臣共同辅政，后为遏制鳌拜专权，领衔奏请皇帝亲政。此碑为索尼的诰封碑，该碑正面镌刻索尼自崇德八年（1643）至康熙六年（1667）四次诰封的御制文。背阴刻康熙十年（1671）其子为其立石记功的经过并记述其一生功绩。

〔打击江南地主缙绅的"奏销案"〕

"奏销案"发生在顺治十八年（1661），是清政府借清理钱粮积欠，重点打击素有反抗意识的江南地主缙绅。江南地区自明代以来就是国家的赋税区，受重赋压榨十分苛酷，所以，士绅们千方百计规避相沿成习。清政府为缓解财政危机，严厉命令，要求各地方官"大破情面，彻底清察"。不久，又下令"酌立年限，勒令完解"，胆敢违抗者一并押解到京治罪。结果，江南省四府一县有2171名乡绅和11346名生员被降革、枷责、鞭扑。其中，有曾中进士第三名"探花"的叶方蔼，仅因欠银一厘，遭到革黜，故有"探花不值一文钱"之说。

郑成功　勇敢　《台湾外纪》
揆一　爱国　《先王实录》

人物　关键词　故事来源

郑成功收复台湾

郑成功允许荷兰人整队、扬旗、荷枪、鸣炮登船而去，表现了他特有的中华政治家风度。

　　郑成功长期对占据台湾的荷兰人实行经济封锁。南京失败后，他就设想出兵台湾，正在这时，荷兰人派通事何斌前来谈判，要求郑成功开禁。何斌向郑成功介绍了富饶的台湾，还送上一幅水陆交通极为详细的台湾地图，它激励郑成功渡海光复台湾。

　　1861年春，郑成功由金门出军，直趋台湾。

围困热兰遮孤堡

　　这一天是永历十六年（1662）一月二十五日的清晨。郑成功一早醒来，望着即将攻打的乌特利文圆堡，又想起不久前登上台湾岛时的情形。当时他率领着二万五千人马打得荷兰殖民军龟缩在他们称之为热兰遮和普罗文查的台湾城和赤嵌城里，不敢露头。后来他包围了普罗文查城堡，派人去告诉荷兰驻台长官揆一："你们已经被包围，只有投降才是唯一出路。"可是揆一竟在热兰遮城堡升起一面血旗，表示要血战到底。郑成功二话不说，一举拿下普罗文查，占领热兰遮市区，终于将揆一逼进热兰遮孤堡。

　　热兰遮堡是一个用砖砌成的四方形城堡，墙厚五六英尺，外边再套围墙，南面连接台湾岛，东、北、西三面临海。城堡内外筑有好几座碉堡，其中小山丘上的乌特利支圆堡居高临下，地势最为险要。

厦门郑成功屯兵山寨

　　郑军围困住热兰遮城堡，击退了荷兰船队的支援，使城堡里的荷兰殖民者食物、弹药天天减少，病员、伤亡天天增多，妇女埋怨，儿童哭闹，兵无斗志。郑成功决定选择有利地形赶筑炮垒，把二十八门大炮安装好，打掉乌特利支圆堡这个制高点，解放热兰遮堡就不在话下了。

揆一挂出了白旗

　　郑成功正自想着，马信过来报告说，炮垒已经如期完工，大炮也已经安装到位，一切就绪，只等攻击的命令了。"好！"郑成功右手握紧拳头，向左手掌猛

郑成功弈棋听军情图（下图）
郑成功弈棋听军情处在金门岛中央，是一天然岩洞，地势高，视野辽阔，可眺望南北海湾，大陆沿岸动静尽收眼底。弈棋活动的优雅与千里飞骑的紧急相映成趣，更加体现出郑成功的大将风度。

郑成功墓

永历十六年五月初八日（1662年6月23日）郑成功病逝，葬于台南洲仔尾，清康熙三十八年(1699)五月二十二日迁葬郑氏祖茔。康熙帝并题写挽联赞曰："四镇多贰心，两岛屯师敢向东南争半壁，诸王无寸土，一隅抗志方知海外有孤忠。"郑成功墓现在福建南安县水头镇覆船山麓，占地面积998平方米。

《岛上附传》

该书有郑成功传，记录了他收复台湾一事。

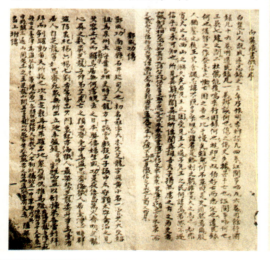

台湾风俗图

地一击，说了声："那就打吧！"顷刻之间，二十八门火炮齐声轰鸣，两千多发炮弹全都倾泻于乌特利支圆堡。不多一会，这座居高临下的碉堡变成一堆废墟，郑军占领了这个制高点，紧接着，把大炮全都运上制高点，所有的炮口都俯指着热兰遮孤堡。

郑成功没有马上对热兰遮堡开炮，考虑到堡中尚有不少妇孺，他还在争取敌军投降，想给他们最后一次机会。

堡内的揆一此时也在紧张地开会商量对策。有人主张决一死战，但却遭到大多数人的反对。揆一见

大势已去，经评议会讨论无可奈何地说了声"投降"，便沮丧地挂出了白旗。

接受荷兰人投降

二月一日，海滨广场上搭起帐幕，中间悬挂着龙纛，两边插着五方旗。高高的帅旗，在晴空飘扬。广场上人山人海，百姓们都想看看平日在台湾岛上作威作福的红毛番鬼，今日将是怎样一副丑态。

郑成功端坐帐幕中央。礼炮响过，金鼓齐鸣。荷兰殖民者在最高长官揆一的带领下，拖着沉重的脚步，慢慢步入广场。揆一缓步走出队列，走到帐幕跟前，单腿跪地，把一份签了字的投降书恭恭敬敬地献给延平郡王。全体荷兰官兵脱帽俯首致礼。郑成功允许揆一所指挥的荷兰人整队、扬旗、荷枪、鸣炮登船而去，表现了他特有的政治家风度。

送汪瞻侯归姑苏诗（清·黄慎书）（右图）
黄慎的草书得怀素笔意，上下勾连，用笔枯劲，喜作怪笔，人多难以辨认。

▷历史文化百科

〔郑成功和《三国演义》〕

郑成功熟读《三国演义》，书中的人和事，对他决策很有影响。

顺治十四年（1657），郑成功在厦门组织北伐，发檄天下，他对将士说："进军江南，恢复大明，我早就有此意了。正如诸葛亮《出师表》所说的'汉贼不两立'。我们和清军势不两立，我不打他，他也要打我的。"两年后大军到达南京时，郑成功在城下摆下"八卦阵"，这是据诸葛亮阵法。清兵总兵管效忠，好不容易杀出重围，但所部4000军马，只剩下140人了。

郑成功也很讲法纪，承天府尹杨朝栋因居功自傲，克扣军粮，私建官邸，要治罪，很多官员求情，以为杨有大功，且人才难得；但郑成功却说，诸葛亮治蜀，靠法纪。他就效法诸葛亮斩马谡，挥泪斩了杨朝栋。

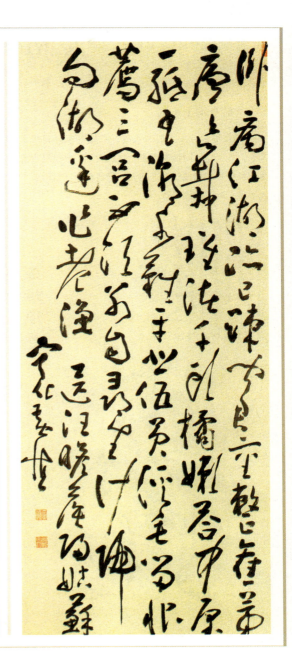

117

○三○

张煌言军败散后，他隐居海岛，伺机再起，不幸被俘。他多次拒降，从容走上刑场。

张煌言就义

张煌言临终有诗：国亡家破欲何之? 西子湖头有我师。

藏身海上小岛

1664年六月，三都湾水战，张煌言军遭到严重损失，他决定暂时遣散将士，化整为零，自己只带着参军罗子木、侍僮杨冠玉等人，隐藏在浙江南田岛东六十里大海中的悬岙岛。

弹指阁

悬岙是个荒瘠小岛，北面是嵯岩峭壁，东西无通路，只有南面有个小港湾勉强可通舟楫。张煌言等就在山南面海地方，用茅草涂泥筑屋居住。

清朝当局并没有放过他，继续悬赏通缉。浙江提督张杰收买了张煌言的一个旧部小军官，化装为游方的行脚僧，投奔普陀山寺挂单，用以侦伺他们的行踪。一天，张煌言派船出外买米，船上人以为此人已做了和尚，也不加防范，允许他搭船。不料船到海中，假和尚忽然拔刀杀死了船上多人，只留了一个船夫；船夫被逼供出了张煌言住处，还泄露了一个秘密：原来悬岙岛上畜养了两只猴子，用来瞭望海面动

《松藤图》（清·李鱓绘）（左图）
李鱓（1686—1762），清代书画家。字宗扬，号复堂、懊道人，江苏兴化人。曾为宫廷作画，后任滕县知县。为政清简，以忤大吏罢归。在扬州卖画，为"扬州八怪"之一，擅画花卉虫鸟。

乾隆年制玻璃胎珐琅鼻烟壶

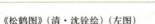

郑达《苍水集》
康熙《野史无文》
象山县志
爱国
逆境
张煌言

人物　关键词　故事来源

《松鹤图》（清·沈铨绘）（左图）
沈铨（1682—约1760），字衡之，号南茹，浙江吴兴（今湖州）人。清代画家。工画花鸟走兽，亦擅仕女。雍正九年受聘往日本长崎，侨居三年。此图画苍松浓郁，枯藤披垂，两只丹顶鹤一只回头顾盼，一只昂首唳天，极为生动。

关押宁波、杭州

　　两日后，张煌言等被押解到宁波。他坐在囚轿里，头戴明代文人日常用的方巾，穿着葛布长衫，神色相当自然，罗子木、杨冠玉等手锁铁铐，徒步跟着。他们来到提督衙门，押解差官要他从角门进去，他屹立不动。张杰赶快命令打开正门，在大厅上张杰用客礼相待，很客气说："等你久了，朝廷非常需要你；你归顺了，立刻可以得到富贵利禄。"张煌言严正地说："这

乾隆年制紫地轧道珐琅彩双连瓶

历史文化百科

〔扬州盐商〕
　　扬州是南漕北运船舶必经地，地近两淮盐场，又是官盐运销长江中上游的集散地。扬州盐商由此获得高利润，是当时中国最大商业资本之一。
　　扬州盐商与统治阶级高层相当密切。康熙年间，刑部尚书徐乾学出银十万两，与盐商项景元合伙。乾隆五十一年（1786），盐商江广达捐银二百万两，充作镇压林爽文起义的军费和赏银，盐商鲍漱芳为输军饷给清军对付白莲教，得赐盐运使衔。盐商们还集中输银三百万两充任治黄经费。在乾隆帝南下时，盐商仅修临江行宫，就花了二十万两银子。

　　静，每当海船经过，远在十里之外，它们就会高声呼唤，岛上的人便可准备躲避。
　　清军根据这条线索，躲开猴子的瞭望，从岛后山背攀藤而上，捉住了张煌言等人，并搜出他的兵部尚书银印和与中原豪杰联络反清的多件密信。

119

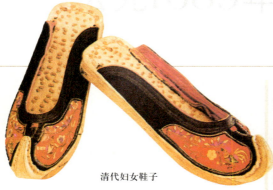

清代妇女鞋子

些话有什么用呢。父死不能葬，国亡不能救，死有余辜，现今只有一死罢了。"

十几天后，张杰知道张煌言丝毫没有屈服的意思，只得用船把他押解到杭州去。

行行复行行，当船只行至钱塘江南岸，准备横渡时，眼看杭州省城快要到了，他浮想联翩，自己以书生从戎，十九年里历尽艰辛，出生入死，现今行将结束，务必保持节操。于是作绝命诗两首，其中一首是：

"国亡家破欲何之？西子湖头有我师。日月双悬于氏墓，乾坤半壁岳家祠。惭将赤手分三席，犹为丹心惜一枝。他日素车东浙路，怒涛岂必属鸱夷！"

《紫琅仙馆图》（清·钱杜绘）
钱杜（1764—1844），字叔美，号松壶，钱塘（今浙江杭州）人。清代画家。工诗书，擅画山水、墨梅。此图绘紫琅仙馆之景：近处古树参天，清溪潺流，小桥横卧，一人策杖而行。中景草屋数间组成一庭园，中间屋内坐着主人和访客，旁有琴童侍立。远处山峦连绵，山泉直泻，白云缭绕，一寺院楼阁隐现于山间。

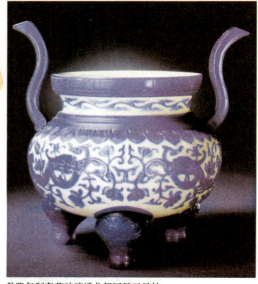

乾隆年制套蓝玻璃蟠龙朝冠耳三足炉

弼教坊就义

张煌言到了杭州。清朝浙江总督赵廷臣也多次劝降，他仍不为所动。赵廷臣还安排了原属鲁王的降官们纷纷前去牢狱游说；来得多了，张煌言深感厌恶，他干脆在狱中墙壁上大书《放歌》一首，"予生则中华兮死则大明，寸丹为重兮七尺为轻"，以此表明自己的忠贞态度。赵廷臣无奈，只好请示北京朝廷。他们终于举起了刽子手的屠刀。

这年九月初七，张煌言被押到弼教坊刑场，和他一起的有罗子木和杨冠玉。临刑前，他遥望北面凤凰山风景，从容地说："好山色！"于是口占短诗一首，命书吏笔录："我年适五九，复逢九月七。大厦已不支，成仁万事毕。"然后端坐地上就义。

后人据他诗意，把他的遗体安葬于西湖畔南屏山，位在明于谦墓和宋岳飞墓之间。 》盛巽昌

120

公元1687年

世界大事记 英牛津大学部分学生因拒绝接受国王授命的天主教院士，被开除。

康熙《残明纪事》《当阳县志》

勇敢 逆境

李来亨

人物 关键词 故事来源

〇三一

李来亨和夔东十三家

李来亨和其他农民军领袖在夔东结寨连营，人称"夔东十三家"。

李过、李来亨父子在李自成死后，继续战斗。他们和南明王朝联手抗清。李过死后，李来亨和其他农民军领袖在夔东结寨连营，继续抗清，人称"夔东十三家"。

七里坪设帅府

李自成部将刘体纯在夔东山区结寨。此处山高林密，草木森森，南凭长江，易守难攻。此后几年，大顺军不愿降清的各支人马先后来到这里安屯，其中最有名的一支，就是李过、高一功死后，由李来亨统率的忠贞营。在夔东兴山县境结寨，李来亨还在七里坪设置帅府，任命了管理民务的知县。

兴山地区土地贫瘠、人口稀少。李来亨相当注意生产事业，他组织将士开垦山田，种植麦粟草棉，严格保护民间贸易，鼓励商贩前来买卖，还派人外出收购食盐和铁器，保证了军民的物质供应。

李来亨一心以明室中兴为大业，他多次上书永历帝，还配合大西军主动出击。当清军三路进攻昆明，永历王朝岌岌可危时，李来亨等夔东十三家联手溯江而上，水陆围攻重庆。在永历帝被俘杀，李定国也病死边地，清廷乘机前来招安时，李来亨等置之不理。

巫山失利

康熙元年（1662）秋，清廷命四川、湖广、陕西三省各抽调三万兵马，围攻夔东；不久又由西安和北京抽调兵力，强化对西路和东路的进攻。铁马金戈，声势浩大。翌年，西路清军攻陷大昌、大宁，东路清军占领了兴山县南濒长江的香溪口。气焰更加嚣张。

李来亨看准了这路清军骄横后的麻痹，疏于警戒，他挑选了几百名精明的将士，乔装敌军混进清

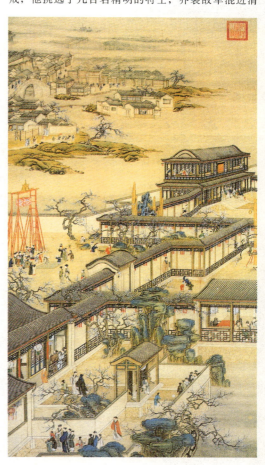

清"院画十二月令图"
此系列图共十二张，描绘十二月令宫廷生活。是清代雍正年间院画山水楼台、人物界画的典范作品，其设色幽丽碧倩，雅艳华贵，楼台布置迂回奇巧，人物描摹准确生动，呼之欲出，将四时风景尽现眼前，使人惊叹不已。右图为《正月观灯图》。

《五月竞舟图》

《二月踏青图》

《三月赏桃图》

《四月流觞图》

《六月纳凉图》

《七月乞巧图》

《八月赏月图》

《九月赏菊图》

《十月画像图》

营，然后会同刘体纯、郝摇旗两支人马全线出击，里应外合，大破敌军。

在重创了东路清军后，李来亨等又乘胜西上，猛攻四川门户巫山县城。因围城十日未下，士气有所松懈。清军统帅四川总督李国英派出人马乔装忠贞营将士，时时埋伏在饷道上，夺取、烧毁粮食，致使五万

多围城将士饥饿不堪。清军伺机四路出城反击，李来亨等被逼全线撤退。

血染茅麓山

巫山撤退后，清军步步进逼。不久，刘体纯兵败被困自杀；郝摇旗、袁宗第被俘牺牲。康熙三年

(1664) 初，与李来亨长期并肩作战的党守素、马腾云等部投降。这时，夔东十三家领袖，死的死，降的降，只剩下李来亨率领的一支孤军，困守在兴山茅麓山。

是年二月，清军三路大军共二十万人马，黑云摧城，猛扑前来。李来亨和忠贞营将士中流砥柱，毫不畏惧，他们首先把东路靖西将军穆里玛的八旗兵打得滚崖跌涧，落花流水。但因后来清军采取了密排梅花桩的围而不攻法，无法冲破封锁。相持到八月初，李来亨下令烧毁山寨，投火自焚。在此前数月，他又一次拒绝清廷派总兵高守贵前来劝降。此时的李来亨已决意死难，只是表示要将年已古稀的高氏（李自成妻）托付于高守贵。　　〉盛巽昌

《冬月参禅图》

《腊月赏雪图》

清王朝文字狱，乃是针对汉族士大夫阶层的异化意识，有如康熙朝文字狱，就是为遏制反清复明而采取的一种镇压措施。

想出名编成《明史辑略》

清朝初年，浙江湖州府南浔镇上，有家姓庄的豪门巨族，论财产家资万贯，论才学时称"九龙"，父子兄弟无不博览经史，精通诗文。其中有个庄廷钺，十五岁就进了国子监。可是后来生了场怪病，眼睛瞎了，他毫不气馁，自忖司马迁有"左丘失明，乃著《国语》"之说，自己何以不能以盲史家名留青史？事有凑巧，邻里中有个明朝天启宰相朱国桢的后代，因贫困，想把家藏

《庄氏史案本末》

庄廷钺《明史》案，又称"庄氏史案"，系清顺治、康熙时文字狱之一。清顺治年间，南浔富户庄廷钺购得明大学士、首辅朱国桢生前的部分明史稿后，聘请了一批江浙学者，对尚未刊刻的《明史概·诸臣列传》等稿本进行重编，增补了天启、崇祯两朝史事，辑成《明史辑略》。该书在提到明朝在辽东与满人交战时，仍用明时习惯用语，用明朝年号，称清先祖和清兵为"贼"，对清室先世直呼其名，不加尊称，等等，这就构成"诋毁清朝"的"十恶不赦"的大罪。之后与此书相关的写字、刻板、校对、印刷、装订、购书者、藏书者、读过此书者，莫不株连。入狱者二千余人，审讯后定死刑七十多人，其中十八人被凌迟处死。

朱国桢《明史》稿本出卖。庄廷钺闻讯，便用一千两银子买了下来。

朱国桢的《明史》缺崇祯一朝史实，庄廷钺组织了江、浙名士茅元铭、吴之铭等十多人，对朱氏《明史》加以增补润色，编成一本《明史辑略》，算是自己的著作。不久，庄廷钺死了，其父庄允城将此书刻印，花钱请名人李令晰作序，把参与编写的人都列名书中。为了提高书的身价，又在未征得本人同意的情况下，将查继佐、陆圻、范骧作为"参阅者"，也擅自列入。庄廷钺的岳父朱佑明，对书的刻印曾赞助不少钱，要求书板刻上"清美堂"三字。清美堂乃是明代大家董其昌的手笔，是给朱国桢写的堂匾，朱佑明把自己说成是朱国桢的本家，特地弄来挂在中堂炫耀。

知情人出首辄兴大狱

庄氏《明史辑略》问世后，范骧好友、解任户部侍郎周亮工，觉得书中有些文字关碍当局，弄不好会吃苦头，劝范骧等三人向官府出首。三人均等闲视之，不以为然。当然这也是为己沽誉的好机会。湖州地方官与庄氏关系较好，敷衍一番，将此事压了下

乾隆年制外蓝地粉彩镂空转心瓶

去。谁知有个因贪赃枉法削职为民的吴之荣，得知消息，认为可以借机发笔横财，便上门向庄允城和朱佑明敲诈。

庄、朱两家不但不买他的账，还买通官兵将他逐出湖州。吴之荣一气之下就告到京城。

康熙元年（1662）冬，朝廷派罗多等来到湖州府。下车伊始，就逮捕庄允城、朱佑明，追查书板。连人带物押解刑部大牢。

《狗头雕图》（清·阿尔稗绘）

阿尔稗字香谷，舒穆禄氏。满洲正黄旗人。官吏部侍郎。精绘事，以画鸟兽著名。《啸亭杂录》说他"画鹰怒目眦裂，劲翮锋棱，有风雷扶挿之势"，从此画看，名不虚传。

清代粉彩什锦杯

粉彩也叫"软彩"，康熙年间，官窑匠师在珐琅彩的启发和影响下，创造出了"粉彩"釉上彩新品种。各种彩色产生了"粉化"，故称为"粉彩"，用这种方法画出来的人物、花鸟、山水等，都有明暗、深浅和阴阳向背之分，增加了层次和立体感。雍正年间粉彩技艺也已日臻成熟，乾隆年间进入了黄金时代。器形更为繁多，别具一格的陈设品层出不穷。彩绘图案多以龙凤、花卉、山水、人物、故事等作主题画面，并以当时名画家的绘画为蓝本，兼容西方绘画技法。

最初，当事人对此案的严重性还认识不足，因为吴之荣告的仅仅是庄、朱二人，交上去的也是撕了序文及参订者名单的书。庄允城也自认为不会有大问题，因为他曾将此书送通政司、礼部、都察院三衙门备过案。朱佑明则希望同贪财的府学教授赵君宋搞交易，表示若能鼎力相助，愿将家产分一半给他。

> **历史文化百科** <

〔清制官名通称：京堂〕

京堂是清制对某些官名的通称。通常称都察院、通政司、詹事府和大理、太仆、光禄寺的主官以及宗人府府丞、顺天府府丞为京堂。因这些官署的主官，除都察院左都御史外，均为三、四、五品官；后又有三、四、五品京堂的虚衔，或称三、四、五品卿，尊称京卿。

乾隆年制外销瓷盘

刑部查出了庄氏《明史》扬明、毁清的八大罪状，定为逆书。严刑拷讯下，庄允城供出了作序人李令晳，李经不起拷掠惊吓，加上老病，死在狱中。赵君宋也不得不交出完整的《明史辑略》，铁证如山。康熙二年正月二十日清晨，湖州城门禁闭，按书内名单挨家搜捕，父子兄弟姐妹祖孙，以及内外奴仆一律擒拿；仅李令晳一家被捕的就有百十口，连前来拜年的亲戚和看热闹的邻居也一齐拿下。庄、朱两家抓了好几百人不算，不在湖州的还要通缉追拿归案。

文字案株连者众

这年五月二十六日，在杭州弼教坊刑场上大开杀戒，有的被凌迟，有的被重辟，有的被处绞。庄廷鑨被掘坟碎尸。书中署名的十八人中得以幸免的只有四人：董二西在结案前三年身死；查继佐二十年前无意中接济过一个乞丐吴六奇，此人现在平南王尚可喜手下任广东提督，他为查打点疏通，说查与陆圻、范骧三人并未参与，系被庄允城擅自挂名，又属首告，故无罪开释。其余十四人加上庄允城、朱佑明均遭凌

乾隆年制楼台水法座钟

迟。庄、朱家族中，男子处斩，妇女幼男有的流放边区，有的配给旗人为奴。凡与《明史辑略》有关的刻

公元1692年 >

清前期汉学群书编撰情况表

书名	编撰时代	主编	编撰情况	主要内容	学术价值
渊鉴类函	康熙朝	张英等	在明朝《唐类函》的基础上改编、增修而成	从上古到明嘉靖，立文体、典章、制度等40余门门类	为创作时提供采摘词藻、典故的便利
古今图书集成	康熙朝	胤祉、陈梦雷等	康熙时完成编撰，雍正时作修定并刊印	共1万卷，分为6编32志6109部，是一部最大的类书	内容广泛，材料丰富，分类详细。
佩文韵府	康熙朝	张玉书等	合《韵府群玉》、《五车韵瑞》而成，并有增补	共556卷，以词语最后一字归韵，分106韵部	可按韵检索到典故的出处，方便了研究和创作
历代赋汇	康熙朝	陈元龙等	汇集了从上古到明代的辞赋作品3800余篇	正集为记叙事物之赋，外集为抒情之赋，另有残文逸句等	是迄今为止搜集辞赋最完备的总集
明史	康熙朝	万斯同、王鸿绪等	顺治、康熙、雍正三朝设明史馆编修，雍正时定稿，乾隆时刊印	共336卷，除纪、志、表、传外，创土司、外国等传	新创的传记具有时代特色，为研究者提供了方便
全唐诗	康熙朝	彭定球等	以清初季振宜《唐诗》为底本，参取明胡震亨《唐音统签》增订而成	收唐、五代2837位作家的诗歌49403首，有作者小传、校注	为研究书代诗歌艺术提供了便利
清会典	雍正朝	胤禛等	康熙时始修，雍正朝定稿并刊印，以后历朝都修改，光绪时重修重刊	光绪时刊本为会典100卷、事例1220卷，图270卷，清朝典章制度的汇编	是研究清朝典章制度的资料
四库全书	乾隆朝	四库馆臣	将乾隆以前所有的书籍汇编誊录，分经、史、子、集四部分	全库收书3503种79337卷。共缮写七部，分藏文渊阁、文源阁等七处	规模最大的丛书。有利于封建礼教者录之，否则排斥禁毁之
续通典	乾隆朝	三通馆	唐朝杜佑《通典》的续编，仅将兵、刑分作两门，经纪昀等校订	共150卷，从唐肃宗续起，至于明朝末年，明代的史料最多	成为十种重要的典志体政书之一，为研究唐至明的史料
续通志	乾隆朝	三通馆	北宋郑樵《通志》的续编，但不设世家和年谱，经纪昀等校订	纪传部分从唐初续写到元末，二十略则从五代续写到明末，共640卷	成为十种重要的典志体政书之一，为研究唐至明的史料
续文献通考	乾隆朝	三通馆	在明朝王圻《续文献通考》的基础上增补修订而成，经纪昀等多人校订	内容上接元末马端临的《文献通考》，体例上多出群社、群庙二门，共250卷	成为十种重要的典志体政书之一，为研究元明两代的史料
清通典	乾隆朝	三通馆	体例同于《续通典》，但于九门下的子目则根据清朝实际情况而设	所录清朝的典章制度至乾隆为止，共100卷	成为十种重要的典志体政书之一，为研究清朝前期制度的史料
清通志	乾隆朝	三通馆	体例与《通志》和《续通志》不同，仅设二十略	氏族、六书、七音、校雠图谱、金石、昆虫草木较有特色，共126卷	成为十种重要的典志体政书之一，为研究清朝前期社会的史料
清文献通考	乾隆朝	三通馆	体例与《续文献考通考》同	共300卷，分设八旗田制、钱币等26考	成为十种重要的典志体政书之一，其中有关八旗的部分尤为详细

十三经注疏	乾隆朝	阮元	南宋始汇刻十三种儒家经典，并确定各经的注疏，明代也有刻本，阮元根据宋本重刻，并撰写校勘记	共416卷，《易》用王弼、韩康伯注，疏用孔颖达《正义》；《书》用孔安国《传》，注用孔颖达《正义》，等等	阮元的《十三经注疏》为现在的通行本，对于保存古代的经书及注疏有重大的价值
古文辞类纂	嘉庆朝	姚鼐	选录战国至清朝的各类优秀文章，依文章体裁分类，有论辩、序跋等十三类	共75卷，着重选录《战国策》、《史记》、辞赋、唐宋八大家、明朝归有光、清朝方苞等散文	对于认识中国古代各类文章体裁，桐城学派散文风格的形成具有重大意义
大清一统志	道光朝	官修	康熙、乾隆时皆曾修过，嘉道间又重修，刊印于道光间，因年用的材料下限至嘉庆末，故有"嘉庆重修"之名	乾隆时重修成500卷，道光时重修成560卷。除各行省外，尚有疆域、人口、流寓等重要内容	内容丰富，考订精详，是流传至今卷帙最多的古代地理总志，为研究中国的历史地理提供了重大的史料价值

写、校对、印刷、装订者，以及贩书卖书、购书藏书的，甚至读过此书的，不下两千余人，全被牵连锒铛入狱。

上任才三个月的湖州知府谭希闵、推官李焕宁、库吏周国泰等以隐匿罪处以绞刑。归安训导王兆祯到任不及半月，以放纵看守罪被绞死。赵

《梅花图》（清·李方膺绘）
李方膺（1695—1754），字虬仲，号晴江、秋池，江苏南通人。清代画家，为"扬州八怪"之一。擅画松竹兰菊及诸小品，尤长写梅。此图以浓淡之墨挥写梅树枝干，纵逸豪宕，以淡墨白描勾花，浓墨点蕊，寒葩冻萼，有浑含墨色之韵。

君宋不仅未因献书立功，反而被判私藏逆书之罪，砍了脑袋。浙江将军柯奎受贿包庇，革职为民，原湖州知府陈永命，坐受贿包庇罪，虽已在山东自杀，亦追尸置杭州法场，当众分尸三十六块，并株连其弟江宁知县陈永赖。

事后，吴之荣得到朝廷封赏，捞了庄、朱两家财产的一半，又起复做了个右佥都御史。有书记载说，康熙四年秋，吴之荣从福建回来路上，突遇狂风，雷电交加，骤得恶疾，肉化于地，骨存于床，人们都说他是遭报应，被天雷劈死的。

《钱东像》（清·改琦绘）
钱东是乾隆嘉庆年间的画家，字东皋，号袖海，又号玉鱼生，在当时享有盛名，这是改琦为其所作的遗像。

〇三三

康熙帝捉鳌拜

康熙帝略施小计，终于清除了亲政道路上的最大障碍。

康熙皇帝爱新觉罗玄烨八岁便登上金銮殿的宝座。八岁的孩子自然不能处理朝政，根据先皇顺治的遗嘱，国家大事由前朝元老索尼、苏克萨哈、遏必隆和鳌拜四个顾命大臣共同协助处理。四个大臣在顺治病榻前信誓旦旦地表示，一定要共生死辅佐幼主，忠心报答圣上的托孤之恩。可是，没过多久，位居四辅政最末一位的鳌拜，就将在先皇面前发过的誓言忘得一干二净。

四位辅政大臣

鳌拜是巴图鲁出身，巴图鲁即满语中的勇士，素有武功，平时专横跋扈，盛气凌人，满朝文武都有点

清初四大辅政大臣之一苏克萨哈

苏克萨哈（？—1667），纳喇氏，满洲正白旗人，四大辅政大臣之一。与鳌拜势如水火，为求自保，上疏恳请守先帝陵寝（清东陵的孝陵），但仍被鳌拜绞杀。图为苏克萨哈欲守东陵的守陵大臣衙门。

> ▶历史文化百科

〔清代摔跤："布库"〕

"布库"在汉语中是摔跤的意思。双方不持器械，徒手相搏，以体力赌胜，最后，扑地者败，故又称"角力"。康熙帝早期，曾倚索尼次子索额图组织一帮十几岁的贵族子弟，在宫中作"布库之戏"，擒拿鳌拜。以后，清宫中每逢年节宴会，必演出"布库之戏"剧目。

惧他。当上辅政大臣后更是不可一世，把自己的儿子安插到统领侍卫内大臣的重要岗位上，凡是与他意见不同的人，一个个被他弄得没有好下场。四位辅政元老中，首席大臣索尼已年老多病，同他争不得了；第三位遏必隆没有多少能耐，只得采取明哲保身的态度，任他胡乍非为；只有苏克萨哈不服气，时常要同他争个明白，然而内外势力没有他大，鬼主意也没有他多，实在也不是他的对手。

康熙皇帝十四岁那年，名义上算是亲政了，可是实权仍由鳌拜独揽。此时索尼已经病故，苏克萨哈觉得鳌拜心狠手辣，难于共事，便向康熙提出申请，让他去先帝陵墓做个看守。鳌拜得知消息，心中暗想：皇帝亲政，你卖乖辞官守陵，分明想要挟我也交权，没那么容易！他迅速与党羽商量策划，给苏克萨哈找了二十四条罪状，还

康熙大帝的龙袍

清代皇帝的服饰分为礼服和常服两大类，朝服是主要礼服之一。清代皇帝的朝服保留了具有满族传统风格的披肩和马蹄袖，以及上衣下裳的形制。这件康熙帝穿过的朝服为石青地纱料，彩绣片金、胸、背、袖饰团龙纹，中腰及下摆间饰海水、云龙纹，边饰片金云龙八宝图案。

康熙帝戎装图

株连到其长子内大臣查克旦等子孙、侄子，连同族的前锋统领白尔赫图、侍卫额尔德等都不放过。鳌拜上殿要康熙批准他拟定的杀捕计划，康熙开始不同意。鳌拜便和康熙当面争辩，疾声厉色，甚至气势汹汹地挥舞拳头，连逼几天，康熙被迫答应了他的要求。

这件事办成后，鳌拜更加得意忘形，肆无忌惮。政府各部门都有他的亲信党羽，他家俨然成了议政决策的小朝廷。在朝中，他自列班首，凡事都由他说了算。元旦岁首，他率领百官上殿贺年，穿戴竟和皇帝一样，所不同的仅仅是帽子上的装饰，他挂的是红绒球结，康熙皇帝却缀着一颗东珠。

康熙对鳌拜集团的所作所为极为恼火，可是他很有心计，表面上不露声色，似乎对一切都不介意，暗中却盘算着"擒贼先擒王"的主意。康熙用索尼的儿子索额图作贴身侍卫，诸事都与他密谋。不久，宫中来了一群与康熙年龄相仿的少年，都是从八旗子弟中挑选出来的，个个身体结实，机灵勇敢。康熙对外宣称，因宫中寂寞，召集这些少年是来陪他玩布库游戏的。他与这些少年伙伴朝夕相处，练习摔跤、角斗，也做一些其他游戏。鳌拜自恃权势，经常闯宫奏事，他一进宫，康熙便让太监带他到里边来，少年们也不回避，照常和康熙一同玩耍。鳌拜看在眼里，不以为意，反而觉得高兴，认为康熙终日贪玩，胸无大志，自己可以高枕无忧。

初生牛犊能捉虎

其实，康熙用的是韬晦之计，既麻痹了鳌拜，也培植了自己的心腹。一段时间下来，十几个少年都成了身手灵活的初生牛犊。康熙见条件成熟，就作了布置，宣鳌拜单独进见。趾高气扬的鳌拜此时对康熙已毫无戒备之心，便大摇大摆地走进宫来，刚刚跨进门槛，还没站稳脚跟，就被埋伏在门内两侧的娃娃兵一拥而上按倒在地，揪头的揪头，捉手的捉手，按脚的

遏必隆佩刀

遏必隆（？—1674），钮祜禄氏，满洲镶黄旗人，四大辅臣之一。康熙亲政后，加恩辅臣，特封一等公。与鳌拜同为镶黄旗人，为人庸懦，软弱无能，一贯附和鳌拜，不敢异声。鳌拜伏法后遏必隆免死，削去太师及后加公爵，但为平衡朝野各派政治势力，康熙帝又娶其两个女儿为妃，并册长女为妃。图中腰刀刀把处系有长方形象牙牌，上刻"遏必隆玲珑刀"等字样，可知确系遏必隆当年的佩刀。

《十骏马图》之一（清·王致诚绘）

《十骏马图》，清王致诚绘。王致诚（1702—1768），法国人。自幼学画于里昂，后留学罗马。工油画人物肖像。乾隆三年（1738）来中国，献《三王来朝耶稣图》，成为宫廷画家，与郎世宁、艾启蒙、安德义并称"四洋画家"。此图册画乾隆帝的十匹御骑骏马（现选其一），采用西洋画法，注重马的解剖结构，用工细缜密的线条表现骏马体态，造型准确，富有立体感和皮毛的质感，充分表现了作者高超的绘画技巧。

按脚，当他弄明白是怎么一回事时，已被绳捆索绑得无法动弹。

　　康熙皇帝略施小计，智擒了鳌拜，清除了鳌拜集团在政府各部门安插的成员，改变了权臣党同伐异的黑暗政局，名副其实为亲政拉开了序幕。

布库手

图为乾隆年间所绘正在演技的布库手。

公元1697年　公元1697年

世界大事记　俄国彼得大帝微服考察游历西欧。

梁启超《中国近三百年学术史》《朱舜水集》

安东守约　德川朱光水国　博学

人物　关键词　故事来源

〇三四

朱舜水日本讲学

朱舜水为学注重事功实效，他在日本定居了二十三年，传播中国儒学，促进了中日文化交流。

视科举为游戏

朱舜水是浙江余姚人。余姚，浙东的一个小县，地灵人杰，在明清之际，就孕育了王守仁、朱舜水以及和朱舜水同时期的黄宗羲等大学者。

朱舜水早年就出类拔萃，与一般终身为功名利禄的知识分子不同。他颇有学问，曾师从李契玄、张肯堂等名家，于《诗经》、《尚书》更有研究。朱舜水的最高功名只是恩贡生，那还是在松江府以儒学生资格获取的，当时的主考官吴钟峦非常赏识他，誉他为大

明开国第一人。

但是他到此就止步了。只因出于书香门第、官宦世家，在家庭逼使下，不得不参加每次的科举考试，可是每逢跨进考棚，所作问卷，草草了事，不把它当作正儿八经的事，只当作一种游戏，到此玩玩而已。他曾对妻子诉说自己的心理行为：我如果中了进士，做个县令，第一年还受束缚，但以后两三年，就能使百姓歌颂、上司表扬，此后必能擢升。但凭我之所为，所提出的倡议，也必会受到谴责而获大罪，身家不保。我这个人说话爽直、激昂，不能忍耐、包容，所以再也不愿立此志向了。

不认朱熹为老祖宗

朱舜水很有骨气，绝不趋炎附势，借名人荣光自己。旧时文人为了抬高自己身价，往往拉某些响当当的大名人为祖宗。相传朱元璋初做皇帝，也曾想拉朱

给商照验——清代的营业执照

清代的给商照验，其实就是现在的营业执照，是政府对于工商行业的管理手段。清代前期，商业经济发达，各种商业机构也应运而生，政府相应地颁发各类管理执照。给商照验是乾隆十九年江浙盐运使司发给盐商的运销执照，这是商品经济繁荣的必然产物。

> 历史文化百科

〔《水浒》在日本〕

《水浒》最早传至的外国是日本。由于明、清禁《水浒》，许多早期版本在我国已失传，可是在日本至今还保留中国早期的版本《英雄谱》（三国水浒合传）、李贽评一百回《忠义水浒传》和《水浒志传评林》等。

18世纪后半期始，是"日本水浒传"创作兴旺时期，产生了《本朝水浒传》、《日本水浒传》、《女水浒传》、《新编女水浒传》、《倾城水浒传》和《伊吕波醉故传》、《天魔水浒传》等近二十种。在佐木天元《日本水浒传》里，把人间的造反英雄称之为天上的星宿下凡，作者很崇拜《水浒传》，甚至在结尾也模仿了施耐庵的写法。公元1840年出版的《倾城水浒传》，也是以施耐庵《水浒》为样板创作的，书里的人物都是日本姓氏，故事情节却多处抄袭施耐庵《水浒》。

熹当自己祖宗，只是后来因为婺源朱熹正宗后代持谱
前来，他怕出洋相，才不敢。

在朱舜水三十七岁时，也有人带着朱家家谱，自称
是朱熹后裔，找上门来，认定朱舜水是本家。朱舜水当
即查阅，发现和他所知大体相通，只是有一世不明，就
当场表态，自己不须写进这部有朱熹做老祖宗的家谱。

后来他在日本讲学，有次谈到这个故事。他说："有
一世不明，就可以说明不足为凭了。况且后世子孙如果
有所作为，何必要靠朱文公（朱熹）声誉；倘若子孙不
肖，虽然是尧、舜之父，子孙也仍是丹朱、商均嘛！"

在江户讲授中华儒学

朱舜水在南明时期，从事抗清活动，在此期间，
他曾经浪迹海外，先后七次到日本长崎。顺治十六年
（1659），最后一次到日本时，决定定居于此。

《仕女图》之一（清·陈字绘）（右图）
陈字（1634—？），初名儒祯，字无名，又字名儒，号小莲，
又号酒道人，浙江诸暨人。著名画家陈洪绶之子，擅人物、
花卉。这套《仕女图》屏风共十二开，皆以贵族妇女闲适安
逸的生活为题材，此图为其三《阆苑采芳》。

《人物山水图》（清·罗聘绘）
罗聘（1733—1799），字遁夫，号两峰、衣云和尚，安徽歙
县人，侨居江苏扬州。清代画家，为"扬州八怪"之一。

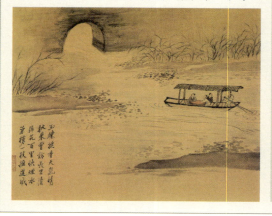

康熙年制青花釉里红网纹桃钮茶壶

朱舜水赴日本，寄居长崎时正是德川幕府锁国时期，按照规定，华人不能定居已有四十年，但日本学者安东守约钦仰他的学识，拜为师傅，还上书幕府，才获准居留；见他身无长物，遂送上自己的一半俸禄。康熙三年（日本宽文四年，1664），水户藩主德川光国景仰朱舜水，经幕府同意，请朱舜水到首都江户（东京）讲授儒学，正式聘为宾师。此后他多次作中华儒学讲演，并招收日本学生，直到康熙二十一年（日本天和二年，1682），以八十三岁高寿逝世，在日本定居了二十二年。

德川光国对朱舜水以师礼款待，极其尊敬。朱舜水初到日本，就感到日本教育事业落后，曾对前来拜访的学者小宅生顺说："兴国学是国家大典，而在贵国为更重要，仆深有望于贵国。"因此后来当德川光国要求在水户建造大成殿时，他先做出三十分之一的模型，还

康熙年制五彩加金鹭鸶荷花纹凤尾尊

有圣庙、明伦堂、尊经阁等，以供参照。康熙八年（1669），德川光国正式建学宫，又请他制定释奠仪注，并率儒生行释奠礼。

当时德川光国为专标尊王一统之义，设立彰考馆，主持编撰《大日本史》，朱舜水也被邀参加，并由他的学生安积觉任首任总裁。这部史书乃是以朱舜水的正名分、尊王攘夷作指导思想完成的，对后来明治维新有很大影响。所以明治天皇还嘉奖德川光国，赠正一位，为他立常盘神社以祭祀。　〉盛巽昌

《玉壶春色图》（清·金农绘）
金　农（1687—1764），字寿门，又字司农、吉金，号冬心先生、粥饭僧、曲江外史、稽留山民等，浙江仁和（今杭州）人。清代书画家、诗人。书法工隶、楷。能篆刻，精鉴赏。五十岁后始作画，擅写竹、梅、鞍马、佛像、人物、山水等，居当时画坛首席，为"扬州八怪"之一。此图写梅，取梅树老干一截，通贯画幅正中，布局奇特，纯粹金农画风。

135

书生愿尽匹夫之责

行走万里顾炎武

顾炎武的代表作《天下郡国利病书》、《肇域志》和《日知录》，都是能传世的名山大作。

明崇祯十二年，清崇德四年（1639），秋试已毕，两个昆山来的年轻士子榜上无名，打点行装准备回家了。他们应举只不过是读书人的例行公事，中与不中，并不在意。他们内心牵挂的是越来越严重的民族危难。

他俩是在复社认识的好朋友。一个衣着朴素，性情直爽的青年名叫归庄，另一个左眼瞳仁上罩着白翳，右眼斜视，脸上有些麻点的青年名叫顾绛，字炎武。两人收拾好行李，坐在床边歇息。归庄说："继绅兄！像你这样的世宦家庭，凭你的才学，下次定能高中。"继绅是顾绛小时的名字。他听归庄这样说，不由叹了口气道："兄台不见目前的时局吗？正如漏舟行于大海。君臣不协力，官民不同心，又有狂飙怒涛相

逼，庙堂的隐忧必难侥幸了！"他见归庄神情贯注地听着，略略沉吟片刻，又说："自古朝代更替，君主易姓，并不鲜见，这只能算是亡国；外族入侵，占据土地人民，就是亡天下了。保君主朝廷，是当官的责任；保天下却是天下之人人人有责。如今我们正面临亡天下的危险，我已决定不再参加春闱秋试，但愿去做一点有益的事情。"

归庄被他的激昂慷慨所感动，不住点头说："说得是！我们也应尽匹夫之责。记得三国时有个名叫邓艾的名将，少时每到一处，必登高瞭望，察看地势地形，当了大将后，在南征北战中全都派上了用场。我们何不也从研究天下山川地理入手，也好备今后之用。"

江南士气依旧在

顾炎武很赞成归庄的见解。回去以后，他就着手搜集全国的地方志书，认真阅读并做笔记。又把历代史书、名家文集、官员奏章中有关地理沿革、山川形势、地方物产等方面的资料，笔录下来，进行研究，整理出四十多册摘记。

"天下兴亡，匹夫有责"的顾炎武（及左图）
顾炎武号亭林，昆山人，明末清初著名思想家、学者。曾在家乡附近组织过抗清斗争，失败后，在各地考察山川形势。他博览群书，对经学、史学、天文、地理、音韵、金石等都有研究，提出"天下兴亡，匹夫有责"的思想及经世致用，著有《日知录》等。

136

顾炎武《音学五书》书影

《音学五书》，顾炎武著，约成书于1643年，是一本研究汉语上古音的音韵学著作。该书分音论、诗本音、易音、唐韵正、古音表五个部分，从理论和实践两个方面否定了以前的叶音说，奠定了古音学的基础，开拓了音韵学研究的新领域。

顾炎武三十二岁那年，他与归庄担心的事情终于发生了。明朝灭亡，清兵进入北京，福王朱由崧在南京当了南明皇帝。与此同时，顾绛在昆山的家中遭到明朝败兵抢劫，老宅毁于一炬。

顾炎武很敬慕南宋文天祥。文天祥有个学生名叫王炎午，所以他将自己的名字改作炎武，他要学习文天祥"丹心难灭"的民族气节。

顾炎武到了南京，希望南明朝廷能有所作为，结果大失所望。志士陈子龙对他表示同情，沉重地说："世事令人寒心！好在江南士气民心尚在，不如早些

归庄像

明末清初文人，早年曾参加抗清，兵败改僧装亡命，返故里佯狂终身。善文辞，工书画。著作有《归庄集》。

回去做好准备，届时我等在抗清沙场再见罢！"

读书心得，实地考察

江南抗清斗争此起彼伏，顾炎武穿梭于两淮苏杭之间。他化装成商人，改名蒋山佣，到处联络抗清志士，动员他们组织起来同清军作战。一天，他不幸落入降清劣绅叶方恒手中，被打得皮开肉绽，还将以通海罪名送官究治。这通海就是私通郑成功，罪名成立必掉脑袋。归庄连夜通过熟人关系，才将他从松江监狱救出。顾炎武在江南已没有了立足之地。

制造工艺发达的清宣纸

宣纸最早产于唐代安徽芜湖地区，当时称宣州，故名宣纸。清代宣纸生产更为发达，内府及官府公文与书信都用这种纸。文人墨客也经常用于书法绘画。清代这幅宣纸印有黑框和花纹，而且经过托裱工序。

历史文化百科

〔钦定满人不得缠脚〕

崇德元年（1636），皇太极召集诸王公大臣，由内弘文院大臣读《金史·世宗纪》，告诫诸人不能从汉人服饰。由此颁布法令：男人不许穿大领大被、戴绒帽；女人不许梳头、缠脚。僧道照旧衣帽，其道士妇女亦不许梳头、缠脚。

康熙三年（1664），因满洲妇女仍有从汉俗缠脚者，对此又作了严格规定，即以元年（1662）为限，此后所生之女，如有缠脚的，父母当官的，交吏兵两部审议；民兵交付刑部，责打四十大板，流放。妇女自行缠脚，家长失察，枷一个月、责打四十大板。

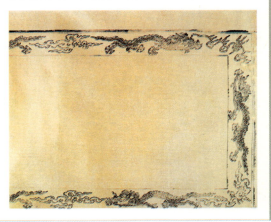

《听阮图》（清·刘彦冲绘）

刘彦冲（1807—1847），初名荣，字咏之，四川铜梁人，寓居江苏苏州。擅山水、人物、花卉。图中一文人头戴高冠，身着宽服，抱膝而坐，正听一位歌女弹奏阮琴。从图中款识可知画中的主人公是作者的八兄。

转眼到了顺治十六年（1659）的秋天。巍巍长城带着斑驳伤痕，蜿蜒起伏地僵卧在北国的黄沙衰草间。从山海关到居庸关的山路上，风尘仆仆地行进着一个道家装束的人，此人便是年已四十六岁的顾炎

携琴访友图剔红笔筒

访友图是绘画的常用题材。笔筒外壁雕山水亭台、人物树木。小桥之上有抱琴童子，有行人，是为携琴访友之意。景物虽多，但层次清晰，意境恬淡深远。此笔筒，漆层较厚，雕刻刀法精密，棱线深峻有力，纹饰清晰醒目，色泽艳丽。

武。他的随从照看着两头载着几只装满书籍的箱子和简单行李的骡子。

凡逢城堡关隘处，顾炎武总要细细考察一番。碰上当地老人或退伍兵卒，便请他们讲述本地的历史、地理和历来布防的情形。晚上，在荒村野店的昏暗油灯下，他一边回忆白天的所见所闻，一边整理记录下来。发现疑问，就从箱箧中翻出相关书籍，详细查对。这些年来，天天如此，月月如此。

登上居庸关，顾炎武的考察旅行要告一个段落了。他思念故乡，但河山没有恢复，他不想回去。他将自己的读书心得、实地考察结果和访问所得的材料，写成研究成果。《天下郡国利病书》、《肇域志》、《日知录》都是他的代表作。

> **历史文化百科**
>
> **〔天下兴亡，匹夫有责〕**
>
> 通常把"天下兴亡，匹夫有责"这句话作为顾炎武语。但顾炎武《日知录·正始》所说仅为"保国者，其君其臣，肉食者谋之；保天下者，匹夫之贱，与有责焉耳矣"。由此，后来梁启超把它归纳为"顾亭林曰天下兴亡，匹夫之贱，与有责焉已耳"（《饮冰室合集·痛定罪言三》）。可见此八字原意本自顾炎武，但定型实为梁启超。

公元1703年　公元 1 7 0 3 年

世界大事记　俄国自莫斯科迁都彼得堡。

《明史·黄宗羲传》

博学　尊贤

黄宗羲

人物　关键词　故事来源

〇三六

黄宗羲一生精研群学，行事为士林楷模，门下英才辈出，形成清初浙东学派。

诸子百家的书都读了

黄宗羲少年时就对科举制度厌恶。他读书和治学就不是为了应付科举考试。就此，二三十岁时，读完了家中所有藏书，还在家乡余姚的各家藏书楼抄录未读之书。凡诸子百家的书都读了。

清兵南下时，明宗室鲁王朱以海被拥戴为监国，黄宗羲集家乡子弟几百人，上四明山抗清，失败后重返故里，从此尽力于著作，在读书人中间很

大儒黄宗羲

康熙帝问：现在有谁是博学多才，文笔隽永？徐乾学提及了黄宗羲。

有点名气。很多人前来求教、拜师，像史学家万斯同、万斯大，杜甫诗注家仇兆鳌，都是他早年的学生。

经过多年的聚集图书，黄宗羲的"南雷续钞堂"已是浙东很大的藏书楼了。但他仍学而不倦，风尘仆仆地四处奔波，几乎走遍了浙东、浙西的所有藏书楼。

康熙五年（1666），当他知道有祁旷园藏书在化鹿寺出售时，还前去翻看了三日三夜，买了十大捆书。康

明末清初思想家黄宗羲

黄宗羲（1610—1695），号梨洲，浙江余姚人。清兵南下，他于浙东等地组织抗清斗争，失败后隐居著述。著作具有物质决定精神的朴素唯物主义思想，反对封建专制主义的民主思想，提出"工商皆本"，代表著作《明夷待访录》。此为黄宗羲像和《明夷待访录》书影。

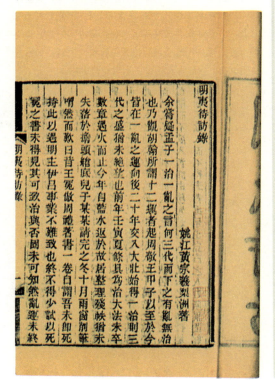

熙十二年（1673），黄宗羲又上宁波天一阁看书，在所写的《天一阁藏书记》中，提出了当时读书人读书藏书的思维："读书难，藏书尤难，藏之久而不散，则难之难。"

不参加博学鸿儒试

清康熙十七年（1678），康熙帝以时局稳定，为笼络高层次的读书人，诏征了博学鸿儒科，命令三品以上官员推荐学行兼优、文辞卓越之人，对山林隐逸者尤为放宽，致使某些热衷于功名的明遗民，如侯方域辈皆趋之若鹜。时人有诗揶揄：圣朝特旨试贤良，一队夷齐下首阳。家里安排新雀帽，腹中打点旧文章。当年深自惭周粟，今日幡思吃国粮。非是一朝忽改节，西山薇蕨已精光。

翰林院掌院学士叶方蔼是黄宗羲好友，特向康熙帝面陈，还邀请他赴京，他婉言谢绝了。

不直接参与编修《明史》

康熙十八年（1679），《明史》开始编修，黄宗羲同意学生万斯同赴京参加编修工作，并将《大事记》、《三史钞》等史料交与他。翌年，康熙帝听从叶方蔼

体仁阁
体仁阁为故宫中配庑的主殿，是康熙帝为了网罗汉族博学之士，专配的修书之处。

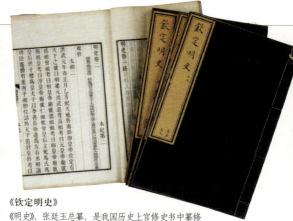

《钦定明史》
《明史》，张廷玉总纂，是我国历史上官修史书中纂修时间最长的一部，也是清乾隆年间"钦定"二十四史的最后一部。

和徐元文等建议，命两江总督李之芳、浙江巡抚李本晟礼聘黄宗羲出山，参加编修《明史》。黄宗羲不愿前去，借老母病逝又推辞了。康熙帝也不勉强，只下了一道圣旨：凡黄宗羲的论著和收集的史料，如有涉及明史的，由地方官抄录，送京交付史馆。

黄宗羲的名气实在太大了。

春去秋来，又是十年。康熙二十九年（1690）的一天，康熙帝问刑部尚书徐乾学："现在有谁是博学多才，文笔隽永，可充当顾问的？"徐乾学再次提及黄宗羲，说他年过八十，还手不释卷。康熙帝当即表示："可以召他到京当顾问，朕不给官职。如果他想什么时候回去，立刻可以以礼相送回去嘛！"徐乾学说："他已年老，是不会有来意的。"康熙帝叹息不已。

> **历史文化百科**

〔殿试正科外另加的科举考试：特科〕

特科就是在殿试正科外，所另加的科举考试。如"博学鸿词科"、"孝廉方正科"、"经济特科"，康熙、乾隆南巡时分别加的特别召试。其中颇有影响的如康熙十七年（1678）开的博学鸿词科，其中就有朱彝尊、汤斌、毛奇龄、尤侗和潘耒等人。乾隆元年（1736）又举行了"博学鸿儒科"。

史学家万斯同

万斯同(1638—1702)为浙东史学名家,字季野,号石园,浙江鄞县人,博通诸史,熟于明朝典籍和掌故。一生著作宏富,达二十余种、562卷。其主要著作,首推《明史稿》。

《仿古山水图》

此清人所绘图笔墨纯正,景物清新,有秀雅清润之色。

大学者徐乾学

徐乾学(1631—1694),江苏昆山人。字原一,号健庵。曾任内阁学士、刑部尚书等职。解职南归后,亲属、门客依势横行,屡被控告,受夺职处分,死后仍复原官。奉命编纂《大清一统志》、《清会典》及《明史》。又搜集唐宋元明学者解经之书,汇为《通志堂经解》;纂集历代丧制,加以说明,编成《读礼通考》。

黄宗羲虽然不参与编修《明史》,但很关心,史官每遇疑难,通过书信请教,必认真解答;有时还行走千里,特快专递送稿前来求其审正,于修《明史》很有影响。 〉盛巽昌

李塨

李塨(1659—1733),字刚主。受业于颜元,与颜氏共创"颜李学派"。著作有《大学辨业》、《论语传注》、《周易传注》等。

〇三七

德国人汤若望通晓天文，在清初掌管钦天监达二十年之久，是当时很有影响的一个传教士，人们把他与利玛窦并称为"利汤"。

宫廷里的洋教师

德国人汤若望、比利时人南怀仁先后出任钦天监监正。

西学东渐带来新科学技术

有个名叫汤若望的德意志人，是天主教耶稣会教士，在葡萄牙殖民者的支持下来中国传教。经过几年

汤若望像

汤若望（1592—1666），原名约翰·亚当·沙尔·冯·贝尔，1592年生于德国科隆，1618年从里斯本启程，于1619年到达澳门，用了一段时间学习汉文化之后，他于1623年抵达北京，其时明神宗在位。经过几次皇位的更迭和变迁，明崇祯皇帝即位后，汤若望受委托从事撰写《崇祯历书》等工作。

努力，好不容易打进中国上层社会，刚想干一番事业，不料大明灭亡了。如今，他见顺治帝坐了紫禁城的龙庭，便携上浑天星球、地平、日晷、望远镜等科学仪器，毛遂自荐，前来投效清朝。

当时顺治帝福临尚幼，由摄政王多尔衮掌权。多尔衮命汤若望当场试验。顺治元年八月丙辰朔日，也就是公元1644年9月1日，群臣会集观看测验日食。

《崇祯历书》

《崇祯历书》，明末徐光启（1562—1633）主编，李天经（1579—1659）续成，从崇祯二年到七年前后共用五年时间完成。它从多方面引进了欧洲古典天文学知识，内容包括天文学基本理论，三角学，几何学，天文仪器，日月和五大行星的运动、交食，全天星图，中西单位换算等，共四十六种，一百三十七卷。清代开始使用根据《崇祯历书》编算的历书——《时宪历》，直到清末。在《四库全书》中有一百卷本的《西洋新法算书》是传教士汤若望根据《崇祯历书》删改而成的。

结果证明，汤若望测定的比钦天监官员测定的准确。于是下令采用徐光启和耶稣会教士合作编定的《崇祯历书》，改名《时宪历》，这便是农历。汤若望因此做了钦天监负责人——监正。不久，他又得到太常寺少卿、通议大夫、通玄教师加通政使以及光禄大夫等封号和官爵。

汤若望　杨光先　南怀仁

尊贤　博学

《清史稿·汤若望传》

人物　关键词　故事来源

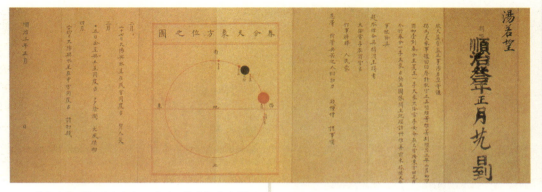

洋人在华夏朝廷当大官，对于一些夜郎自大顽固守旧的人来说，心理上就不平衡。有个叫杨光先的明荫袭新安卫副千户宣称，天主教是洋夷信奉的邪教，传教是假，谋夺人国是真，不能让它传播，乱我纲

汤若望揭帖
汤若望被任命为钦天监监正，这是顺治三年（1646）他奏报天象之事的揭帖。

纪。《时宪历书》封面也不宜书"依西洋新法"字样。另有一个叫吴明炫的甚至控告汤若望搞乱了中国历法。礼部对他们的叫嚣未予理睬。

顺治帝死后，康熙帝继位，开始了鳌拜等四大臣专政时期。杨光先又跳出来老调重弹。这次他还罗织了"西洋夷人"的许多罪状：一是借历法藏身，刺探机密；二是以小恩小惠收买人心信从邪教而叛清；三是只制二百年历，存心使大清国运不得久长；四是制造兵器，屯积兵马，欲夺大清朝江山。他说宁可国无历法，不可国有洋人。

鳌拜、苏克萨哈等人本来对顺治朝的做法就有不满，杨光先的话正中其心意，便下令吏部、户部会同审理洋人谋反的案件。经过七十五天审查，将七十三岁的汤若望和

现存北京城内最古老的天主教堂：南堂
南堂是北京城内现存的最古老的天主教堂，1605年（明万历三十三年）利玛窦曾在该处建起第一座经堂——圣母无染原罪堂，但规模很小。清顺治七年（1650）天主教耶稣会教士汤若望重修此堂。占地一千七百平方米，教堂内为哥德式拱顶，有圣母油画像、耶稣圣像及苦难"十四路易斯"的壁画等；堂内除教士住房外，有天文台、藏书楼、仪器室等。顺治皇帝曾二十四次来到南堂与汤若望教士促膝谈心。皇帝赐匾"通微佳境"，称汤若望教士为"通微教师"。

南怀仁像

南怀仁（1623—1688），1657年来华，曾赴陕西传教，在华期间，在天文、地理、兵器等诸多方面皆有贡献。1660年奉召进京协助汤若望修历。康熙皇帝亲政后，令其撰修《永年历书》三十三卷，又主持西法铸炮。皇帝赏其学识，擢为工部侍郎，正二品，使之成为在华传教士中官品最高者。

南怀仁居处

在京的其他洋人全都罢官关进天牢。李祖白、宋可成、宋发、朱克显、刘有泰等钦天监的中国官员也被牵连砍了脑袋。废除《时宪历》，恢复《大统历》。昳令禁止中国人信天主教。散居各地的传教士全都押送澳门。汤若望亏得康熙帝的祖母孝庄皇太后帮忙，才免遭凌迟和流放。

▶历史文化百科

〔国外社会风俗的传入与交融〕

　　明末清初，有许多欧洲耶稣会的传教士来华传教，并在宫中推行新历法。公元1669年康熙任命比利时传教士南怀仁为钦天监监副。南怀仁做了三件事：一是历法改革成功，并铸制了六件大型天文仪器；二是监造西洋大炮一百二十门、神武炮五百六十门，装备清军，为平定三藩立了大功；三是与其他传教士一起，向康熙传授西方科学知识。此外，宫中的传教士还将西方科技书籍、药品、艺术品、音乐器械与乐器、工程仪器等相继带到中国，加以传播。这一切对当时社会风尚的发展都产生了直接或间接的影响，使中外文化得以交融。

南怀仁墓

康熙二十七年（1688），南怀仁逝世于北京。一年后，康熙皇帝遣官加祭，并在祭文中称："尔南怀仁，秉心质朴，聿修淹通。来华既协灵台之掌，复储武库之需……可谓莅事唯精，奉职弗懈者矣。遽闻溘逝，深切悼伤。追念成劳，易名勤敏。"西方传教士身后得谥号殊荣者，唯有南怀仁。康熙此谕用满汉两种文字刻在南怀仁碑碑阴，碑阳还有汉文和拉丁文的碑文。在栅栏墓地，只有汤若望和南怀仁的墓碑用三种文字刻写碑文。

南怀仁款浑天仪

这是康熙八年（1669），南怀仁献给康熙皇帝的演示性仪器。

汤若望一下台，杨光先和吴明炫的胞弟吴明烜便夺得钦天监正副负责人的位置，原有的三十多位技术人员都被他们排挤出去。可是他们根本不懂中西历法，把个钦天监弄得一塌糊涂。

康熙帝起用南怀仁

康熙帝亲政后，极力抵制鳌拜等人的擅权跋扈，决定起用汤若望的助手、比利时的传教士南怀仁治理历法。他主持南怀仁等洋人与杨光先等辩论，当众测

《西洋药书》

清朝皇室注重吸收汉族文化，还注意吸取外国文化的精华。法国传教士白晋、张诚著《西洋药书》，就是中国了解西方医药学的书籍。

张诚编译的满文《几何原本》

《几何原本》由希腊数学家欧几里得（公元前300年前后）所著，是用公理方法建立演绎数学体系的最早典范。清朝亦注重这方面的学习，这是张诚编译的满文抄本。

试天象，结果，南怀仁等辩论有据，测算准确，杨光先、吴明烜等自然败下阵来。

鳌拜势力被清除之后，康熙帝就给汤若望等人纠错平反，并把杨光先下入狱中，本拟斩首，念他年老发回原籍，结果病死途中。康熙帝下令，全国仍用时宪历法，并且恢复了汤若望"通玄教师"的封号，因避康熙之名玄烨的讳，改称"通微教师"。

除汤若望外，康熙帝对精通科技、遵守法规的洋人都很信任。南怀仁、张诚、白晋等都曾是他请教算学、天文、地理、生理解剖的教师。南怀仁还做了钦天监的监正，又被封为工部侍郎，因为他为清政府制造了红衣大炮和神武炮。自此以后，钦天监的监正、监副以及内部工作人员多有西洋人参与。

清代地球仪

康熙皇帝在出游途中经常注意勘察地理情况，地球仪就是他了解世界的一个窗口。

145

山西学者傅山

傅山即使被特许做了官，也不愿承认清朝皇帝为君。

山西太原西北，有个山环水抱的阳曲西村。阳曲西村出了个傅山先生，是明末清初出了名的大学者。

为拒绝剃发做了假道士

清兵占了北京，颁下剃发令，要汉人做他们的顺民。这自然引起了有骨气的汉人的抗拒，有个叫瞿式耜的南明大臣被捕，清将孔有德要他剃头，他不从。又让他提出当和尚，瞿某说："当和尚不就是要剃发吗？不干！"结果被杀掉了。傅山采取的对策是当道士，因

傅山

傅山（1607—1684），山西阳曲人。初名鼎臣，后改为山，字青竹，后又称青主。是明清之际著名的思想家、艺术家，在诗、文、书、画诸方面，皆善学妙用，造诣颇深。其知识领域之广、成就之大，在清初诸儒中，无出其右者。他还是深通医道的名医。生平事迹，不见于正史记载，甚至县志、府志，也只见寥寥数语。然而他在山西乃至全国也称得上声名退迩，彪炳于后。

为当道士可以不剃发。不仅如此，他还穿上一袭红色道袍，自号"朱衣道人"，又叫"酒食道人"、"石道人"，以此说明自己穿的是朱明王朝的衣服，做的是假道士，同清朝抗争的意志坚如磐石。

盼复明结识反清志士

傅山听说江南反清斗争形势很好，便去了江南，可是见到南边的情况也不尽如人意，又失望地回到家乡，说，我现在是无国无家了！有一天，沿长城一路考察的顾炎武，特地到松庄看望傅山。晚上，两人彻夜促膝长谈。江南回来的傅山，已明白"还我河山"的大业不是短期内可实现的了。顾炎武仍用"刘琨守晋阳"、"张良为韩报仇"做比喻来鼓励他，说反清复明的大业，终有一天会成功。

当时，傅山的家几乎已成了反清志士的联络站，除了顾炎武外，申涵光、李因笃、屈大均、阎尔梅都来过。阎尔梅曾在史可法幕中参赞军机，后又参加太

太原傅山读书处

傅山一生交游甚广，登临过的名山自然不在少数，但能使他终生眷恋，尤其喜爱的却还是太原西北郊的崛山，傅山在崛山还有一个读书处。

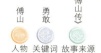

尊严　勇敢　《傅山传》
傅山

人物 关键词 故事来源

湖抗清义军。他渴望局势能有急剧变化，可是"茫茫四海似无声"，苦闷的心情同傅山一样。

清朝的政局越来越稳定。朝廷对汉族知识分子的政策也逐渐温和起来，试图用推荐征召的办法，把一批声望卓著的人弄到北京。凡是点到名的，谁也不能借故推辞。

傅山得知自己被给事中李宗孔、刘沛先推荐的消息，和其他反清志士一样，丝毫也不感到高兴。顾炎武说："我七十老翁何所求？只欠一死罢了。你若逼我，我就死给你看。"李颙简直是被地方官押着起程的，走到半路，他拿出刀来自杀未遂，只好把他放了。傅山坚持不去北京。阳曲知县戴梦熊邀他吃饭，不让他回家了，说是劝驾实为"绑架"。他与戴梦熊关系还不错，知他奉命办事身不由己，就对他说："罢了，我也不为难你了。不过这次去倘能活着回来，就请你让我在西村安安静静度过暮年。"

做官不磕头，从不承认清朝皇帝为君

一到北京，他便一头扎入崇文门外圆觉寺装起病来。每天有不少满汉王公大臣和仰慕他的市民来看望他，他都让儿子傅眉应答周旋，自己靠在床头，不是哼哼哈哈，就是闭目养神。

▷历史文化百科◁

〔流行轿子〕

明朝官员出行，多乘轿子，清朝定鼎北京后，亦广泛流行。无帷幔的轿称凉轿，也叫亮轿、显轿，有帷幔的则称暖轿，也叫暗轿。嫁娶所用称花轿。皇室专用称舆轿，官员所用称官轿。官轿有蓝呢、绿呢之分，按定制，三品以上京官在京四人抬，出京八人抬；外省督抚八人抬，其余都是四人抬；钦差三品以上八人抬。武官督师，有时亦乘轿，乾隆时，福康安征廓尔喀即坐轿指挥，轿夫每人须备公马四匹，以便不抬轿时骑用。民间多用二人抬的便轿。轿夫便成专门职业。

这病一直拖到三月初一博学鸿词科的考期。冯溥对康熙帝说，傅山、杜越二人深孚众望，这次临试告病，情非得已，是不是开恩特许授予二人内阁中书的头衔？皇帝格外恩宠，竟当即拍板。

授了官的都要向皇上谢恩。傅山称病死也不肯去。冯溥没有办法，到了这天，只得派人将他抬到午门外，让他磕个头算了。可是傅山流着眼泪扑在地上，就是不磕这个头。这是"大不敬"，按律要杀头的。皇帝心中有数，此

傅山《江深草阁图》
傅山工诗文书画，尤以书法为最。山水皴擦不多，讲求意境。傅山《江深草阁图》轴为故宫博物院藏的传世作品。

147

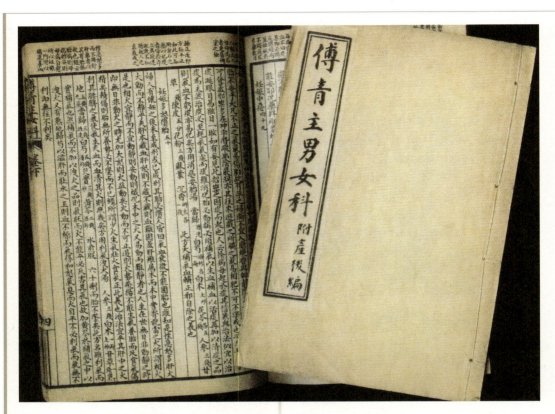

人确是硬骨头，说道："罢了。傅山年纪大了，让他带职回乡去吧。"就这样，他总算又活着返回太原。

此后，地方官们去拜望他，只要称他内阁中书，他便低头不应。他依然穿着象征平民的布衣，戴着毡帽。临终之时，他说了这么一句话："倘若日后有人称赞我是刘因那样的人，我会死不瞑目的。"

原来刘因是元朝时人，元世祖曾征辟他为右赞善大夫。做了不久，因母病辞官，后再召他便不肯再出来。元世祖称他为"不召之臣"。傅山担心后世之人将他与刘因等同看待，因为他从来没有承认过清朝皇帝是他的"君"。

《傅青主男女科》

傅山是位医德高尚、医理高深、医著丰富、医术高超的医学家，传世之作有《外经微言》、《本草秘录》、《辨证录》、《大小诸症方论》、《石室秘录》、《傅青主女科》、《傅青主男科》、《青囊秘诀》。

《孔雀开屏图》（清·郎世宁绘）（右页图）

郎世宁（1688—1766），意大利米兰人，清康熙五十四年（1715）以传教士的身份到中国，随即入宫，曾参加圆明园西洋楼的设计工作，历任康、雍、乾三朝，在中国从事绘画达五十多年。由于郎世宁带来了西洋绘画技法，向皇帝和其他宫廷画家展示了欧洲明暗画法的魅力。人物、肖像、走兽、花鸟、山水无所不涉、无所不精，为雍正、乾隆时宫廷绘画的代表人物。此图绘雌雄一对孔雀，形态生动，流光溢彩。

《孔雀开屏图》清·郎世宁绘

〇三九

讨伐吴三桂

康熙帝要强化君主集权，必须铲除地方割据所造成的潜在威胁。"三藩"的飞扬跋扈，已成为王朝的心腹之患。

俨然三个独立王国

三藩是明末投清受封的三个藩王，即驻守云南的平西王吴三桂；驻守福建的靖南王耿仲明；驻守广东的平南王尚可喜。耿仲明父子皆去世，王位由孙子耿精忠承袭；尚可喜年老多病，大权掌握在长子尚之信手里。

三家封王，原本只享受爵位，而无封地。后来三藩仗着南征，拥有军政大权，坐地为大，将临时驻地形成为变相的封地，俨然三个独立王国。尤其是吴三桂，仗着领清兵入关，立下大功，如今镇守云南、广

平西王吴三桂

吴三桂（1612—1678），字长白，高邮人。武举出身，以父荫袭军官。明末任辽东总兵，封平西伯，驻宁远关。1644年引清军进入北京，受封为平西王，奉命镇守云南，手握重兵，成为割据势力。康熙亲政后，实行撤藩。康熙十七年（1678）三月吴三桂在湖南衡州（今衡阳）登位称帝，立国号为"周"，年号"昭武"。吴三桂当了六个月的皇帝便得暴病死于衡阳。画正中为吴三桂。

西、贵州，兵多将广，更是不可一世，将自己的藩王府弄得像皇宫一般。其他两家藩王也仿效攀比，清廷对此十分不满。

撤藩要叛，不撤藩也要叛

康熙十二年（1673）全国政局稳定，中央撤藩的决心日见强烈。恰巧平南王尚可喜不愿受尚之信挟持，上疏要求回辽东养老，此举正中康熙帝心意，立

"利用通宝"钱

"利用通宝"钱是吴三桂于1674年据云南时以滇铜铸。对银作价。钱文楷书、直读，有小平、折二、折五、当十四等。背文有"云"、"贵"、"厘"、"一分"等字。

> 历史文化百科

〔朝廷对汉官的防范〕

清朝任用官员处处表现重满轻汉。中央重要机构内务府、宗人府、理藩院及管理钱粮火药仓库及各省驻防将军、都统、参赞大臣等开缺，全都是满人包办；地方督抚也多是满族和汉军旗人，如川陕总督汉人只当得一任，其余均由满人担任。知府以下的官员，绝大多数为汉人，凡属满官缺，不许汉人补缺，但京内外的汉官缺，满人可补缺，竭力保证满人的优先特权。为防范汉官，还建立有"回避制度"、"连坐制度"。汉官不得在本省任职，即使接壤在方圆五百里圈内，也得回避。选补外任官，如与上司有血缘准血缘，也应回避；举荐不当，所荐者也要随犯罪者受处分。

"昭武通宝"钱

康熙十七年，吴三桂在湖南衡阳登基称帝，立国大周，建元昭武，铸行"昭武通宝"钱。钱文楷、篆二体，直读，有小平、当十二等，背文"二"、"壹分"等字。

即批准，命他率本部人马回原籍。消息传出，云南、福建两地大为恐慌。吴三桂和耿精忠也上疏朝廷试探，吴三桂说自己年纪老精力不济，想辞去总管云贵之职，实际上是想试探一下，看看自己在朝廷心目中的分量。此时康熙帝已经亲政，正愁没有借口，见他自己撞上来真是再好不过。当即与吏、兵、户三部商量后，同意按国家制度收回吴三桂一部分权力。吴三桂偷鸡不成蚀把米，恨得咬牙切齿。皇帝说："吴三桂谋逆之心已久，撤藩要反，不撤藩也要反。不如顺水推舟，允准他们！"

吴三桂下错了一着棋，急忙召集心腹密议。都统吴应麒、副都统高大节都主张反叛朝廷，吴三桂最后说："同

处于巅峰的五彩烧制（及右图）

五彩在清以前即有烧制，到康熙时达到顶峰，所以清代的五彩又多称为"康熙五彩"。当时的五彩发明了釉上蓝彩以取代明时所用的釉下青花，并将黑彩也用于釉上装饰，成为一种完全用釉上彩料绘制的彩瓷。此五彩大缸是康熙五彩的代表作。

意撤藩等于坐以待毙，不撤藩便是违抗君命，罪在不赦。现今是逼上梁山，不如反了吧！"于是，吴三桂自称天下都招讨兵马大元帅，约定尚之信、耿精忠打起伐清复明旗号，裹胁云贵、湖广、四川诸省，发动了武装叛乱。

康熙帝接到报告，微微一笑说："三藩谋叛早在朕意料之中。"随即召集殿前会议，宣布：撤藩之事

151

耿仲明之印

耿仲明(1604—1649)，字云台，原为明登州参将，清兵入关前降清，1636年受封为怀顺王，属汉军正黄旗。随清兵入关后，镇压农民起义军。顺治六年(1649)，改封他为靖南王，卒后封号由其子袭。图中印信在平定三藩后籍没入官。印文为汉文九叠篆体"靖南王章"。

势在必行。平叛之策，主要是派重兵实施军事打击，打击的重点是吴三桂。他说："三桂灭，则诸贼自散。"过后，康熙帝除了具体的军事布署外，对有关官员又指示说："政治上采取孤立顽固分子，瓦解叛军的策略；对悔罪投归者，俱行免罪，给以原官；俘虏人员概从宽免；对叛军在京亲属，区别对待，不知逆情者概不株连。"

长达八年的撤藩之战

平叛战争打到了第八年，耿精忠、尚之信被迫投降，并参加了平定吴三桂的战斗。吴三桂陷于孤军挨打的境地。

六十七岁的吴三桂知道时日不多，希望渺茫，狠狠心便在衡州临时搭了不少芦舍草房当作朝房，挂上"大周"记招牌，改个昭武年号，当了皇帝。不料只过了五个月，忽然得了中风噎嗝之症，又下痢拉稀不止，一命呜呼。他的孙子吴世璠继位，见内部一片混乱，不敢久留，撤回贵阳。

这时，清军几路并进，连战连捷，一路追杀进了云南。

由定远平寇大将军章泰率领的湖南第一路军与由征南大将军赖塔率领的广西第二路军在曲靖会师。吴世璠派郭壮图率数万步骑，出昆明城三十里，布下象阵与清军决战。双方五战五进，大象、战马、士卒、兵器互相冲杀，结果象阵大乱，叛军退守城东归化寺，清军乘势包围了昆明城。由于云贵总督赵良栋

尚可喜

尚可喜(1604—1676)，字元吉，号震阳。祖籍山西，后至辽东，崇德元年(1636)，清封其为智顺王，属汉军镶蓝旗，随清兵入关。顺治六年(1649)，改封平南王，后镇守广东。康熙十二年(1673)，尚可喜上疏请求归老辽东，由其子之信袭爵留镇广东。后朝廷诏令尽撤三藩，吴三桂、耿精忠起兵叛乱，尚可喜忧急而死，其子尚之信响应。

率第三路军从四川向云南进兵途中，已将境内叛军歼灭，吴氏小朝廷此时粮尽援绝，南门守将方志球开城投降。吴世璠走投无路悬梁自缢，郭壮图举火自焚。马宝、方光琛、夏国相等首要分子均被生擒。至此，长达八个年头、祸延十省的三藩之乱终告平定。

康熙二十年（1681）冬，春城昆明闹市区树立着一排竹竿，上面顺序挂着吴世璠、马宝、夏国相、李本深、王永清等首级的人头。另外一根竹竿上，挂的是已经死去三年的吴三桂的骸骨。把他的骸骨挖出来示众，是为了警告那些破坏全国安定局面的叛乱分子。

尚之信

尚之信（1636—1680）字德符，号白岩，尚可喜长子。其父年老告归袭封平南王，后响应吴三桂叛乱。吴三桂病死，尚之信又投降了清朝，仍被康熙帝处死。

尚之信印

图中印文为汉文篆体"尚之信印"。此印信为尚之信私印，平定三藩后籍没入官。

《平定三逆方略》

康熙二十一年（1682）八月，设立方略馆，勒德洪等人遂奉敕编纂《平定三逆方略》60卷，四年后成，记平定吴三桂、尚之信、耿精忠三藩叛乱，为清代纂修方略之始。

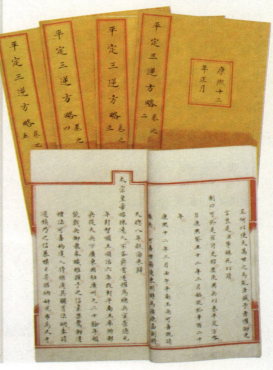

〇四〇

天下第一廉吏于成龙

康熙朝非常注重吏治，奖励做好官，所以清官特别多，其中最突出的是于成龙。他是从七品知县一步一个台阶连升十三级，最后出任两江总督的。

康熙帝说："做官像于成龙那样的，能有几人啊！"

忠于职守的地方官

于成龙是山西永宁人，顺治十八年（1661）选派广西罗城知县时，已是四十五岁了。

罗城是个万山丛中的小县，民族杂居，这时又逢兵灾之后，民众离失，城池没有边墙，城里遍处草莽里，只点落六户人家。于成龙到任后，首先是强化治安，保障民众尽力耕耘。他经常奔走于田野，关心民间疾苦，以致民众听到于大人至，奔来拜见，同坐树下，谈笑有如一家。罗城于是大治，牛羊满山，稻穗遍野。

康熙六年（1667），于成龙因政绩显著，升四川合川知州，当时正是四川大乱之后，全州仅有百余民众，库房里仅剩十五两纹银，而徭役繁重，

奋发有为的康熙大帝
康熙八岁即位，亲政后先后平定三藩叛乱，统一台湾，平定噶尔丹叛乱，平定西藏，订立中俄《尼布楚条约》，注重民族关系协调，编纂《古今图书集成》，任用传教士制定历法。

经他革除弊端，招民垦田，由官府提供耕牛和种子。一个月后，就增加了千户。

于成龙由此又迁任湖北黄冈同知。黄冈周边盗贼猖獗，甚至白天抢劫，官府对他们束手无策。于成龙招安了盗首彭百龄，要他立功赎罪，取得了不少成绩。他还化装为乞丐，往盗贼巢穴去侦查，在住居十多天，掌握全部抢劫罪证后，于是出穴招呼差役捉拿，致使罪犯全部落入法网。他经常着便衣，在乡间仔细查访，从而稳准狠地破获了不少积案。

骑骡直奔贼寨

于成龙有胆有识。吴三桂叛军北上，黄州人黄金龙、麻城人刘君孚都分别拥众几千人响应。湖北巡抚张朝珍请于成龙出征。他欣然同意，问他要带多少兵？于成龙说："兵再多也不够用，我只要两个人跟随就足够了。"

事先，他侦知刘君孚等虽造反，但人心尚不一致，还在犹疑之中，于是张榜，允许自首，还以三日为限；果然三日里，自首者多达千人，其余的也龟缩

公元1716年   公元 1 7 1 6 年

世界大事记   新英格兰殖民地者由西印度群岛酿成甜酒，至黄金海岸交换奴隶、象牙和黄金。法国设立通用银行。

《清史稿·于成龙传》
《碑传集卷六五》

于成龙   康洁

人物   关键词   故事来源

寨里不出。于成龙乘势骑一头骡子，一人鸣锣前导，一人张盖随后，直奔贼寨。叛众皆持弓弩鸟枪夹道，他镇定自若，旁若无人，入抵寨中，升堂而坐。叛众惊愕，齐来罗拜。于成龙令人脱靴，命取水解渴，过后，就躺在榻上，进入梦乡了。醒了后，便骂道："君孚老奴，为何不来？竟敢怠慢客人吗！"刘君孚曾在于成龙衙门里

于成龙《行书格言》
于成龙 (1617—1684)，字北溪，号于山，清山西永宁州（今离石市）人。清顺治十八年 (1661) 出仕，历任知县、知州、知府、道员、按察使、布政使、巡抚和总督，加兵部尚书、大学士等职。以卓著的政绩和廉洁刻苦的一生，深得百姓爱戴和康熙帝赞誉，有"天下廉吏第一"之称。谥"清端"，赠太子太保。

干过事，平素就敬仰他，见他别无恶意，急出叩头，表示愿率众归顺。

事后，于成龙就以这支降众，讨平了黄金龙等人。

人呼为"于青菜"

康熙十七年 (1678)，于成龙升福建按察使。当时，驻闽清军借防御郑成功侵犯漳、泉，以"通海"罪将所株连的几千人定为死罪。于成龙知道后，向统帅、康亲王修书说明，其中大多是无所关连的平民。康亲王同意了，并请他办理，由此拯救了很多人。当时前线将士多掠夺平民子女为奴婢，于成龙又设法用钱财赎买，放他们回去安居乐业；还取得康亲王赞

康熙帝读书像
康熙帝特别注重吸收汉族文化知识，是一个勤奋学习的楷模。他说："读书一卷，即有一卷之益，读书一日，即有一日之益。"

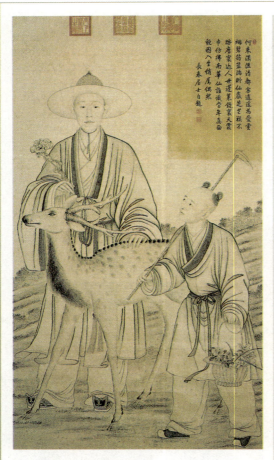

《采芝图》（清·郎世宁绘）（左图）

郎世宁从事中西合璧的新体画创作的黄金时代，是从乾隆朝开始的。这是一幅有趣的水墨画作品，图中一青年身穿汉族衣冠，右手持如意状灵芝，左手扶梅花鹿背，神态安详而儒雅，旁边一个少年，亦着便装，右肩扛小锄，左手提花篮。从两人面相看，好像都是爱新觉罗弘历（乾隆），一是青年时，一是少年时，当是清高宗弘历为皇子时的行乐图。从人物面容以及那头梅花鹿来看，应当出自郎世宁之手。图上有乾隆各个时期的印章。

《野田黄雀图》（清·华喦绘）

华喦（1682—1756），字秋岳，原字德嵩，号新罗山人，又号白沙道人、离垢居士、东园生，福建上杭人。清代画家。擅画人物、山水，尤精花鸟、草虫、走兽。此图画荒草之中，几只鸟雀正探头张望，下有三只鸟雀正翻飞嬉闹。画面生趣盎然，充分体现出画家的大家风范。

同，将军队每月向民间征调几万民夫事取消，还民于耕。他在任上，廉明办事，不贪财，不仗势。福建巡抚吴祚向康熙帝推荐，称他是"全闽廉能第一"。

康熙帝也知道了于成龙其人其事。康熙二十年（1681）在他任直隶巡抚接见时，褒奖是"当今清官第一"。

于成龙自身要求严格，当赴江南出任两江总督时，仅乘一辆骡车，千里迢迢奔赴江宁。在总督任

156

《山水图》（清·石涛绘）

此图画白云环绕松岭云壑，书斋屋舍深藏其间，意境幽谧。

上，每日吃的仍是粗粮，佐餐是青菜，因而被同僚呼为"于青菜"。他做了二十几年地方官，从未携带家眷，只是孤身一人在任上。康熙二十三年（1684）他病死后，同僚和属吏入视，只见住室简陋，仅笥中绨袍一袭，床头几盒盐豉，瓦瓮米数斛。当江南百姓得悉于成龙病死，自动罢市，聚会痛哭，丧归之日，几万人步行二十里，伏地跪送，很多人家还视为祖宗绘像祭祀。康熙帝知道后说："做官像于成龙那样的，能有几人啊！"这年冬天，康熙帝南巡到江宁，又多次说到于成龙，他说："我到处听到舆论，说于成龙是天下廉吏第一。"　〉盛巽昌

《莲塘双禽图》（清·黄慎绘）（左图）

画面中，双鸭相伴嬉游荷塘之中，生动有趣。

〉历史文化百科〈

〔布政使〕

布政使始于明初，清沿明制，各省最初设左、右布政使共二人，康熙六年（1667）始改为一人。乾隆二十五年（1760）又在江苏江宁（南京）增设一人。为巡抚之次，巡抚出缺，每每署理其职。布政使又称藩台、藩司，尊称方伯，从二品。

〇四一

施琅取台湾

康熙帝得到捷报，吟咏了一首《中秋日闻海上捷音》之诗，表达了人间统一的喜悦心情。

清朝为统一中国，对盘踞在金门、厦门的郑成功多次采取招抚之策；在郑经父子据台湾时，为使台湾回归，又屡次主动遣使招抚，但仍没有成效，最后只得诉诸军事行动。

多次招抚郑氏父子

清朝为招诱郑成功投诚，从顺治九年（1652）到十一年就遣使到厦门与郑成功先后作了三次会谈，封他为海澄公，还让出泉州、漳州、惠州、潮州四府地给他部队驻扎，但因郑成功坚持不剃发而未告成。

郑成功收复台湾后几个月，就病死了，其子郑经接班，清朝又先后七次派专使前往谈判。郑经坚持"如琉球、朝鲜例，不登岸、不剃发、不易衣冠"，康熙帝态度也极明确："朝鲜系从来所有之外国，郑经乃中国之人，若因居住台湾不行剃发，则归顺的诚意以何为据"，而郑经执意不行剃发，双方谈判就此破裂。

收复台湾最佳人选

康熙二十年（1681），郑经死了，台湾内部发生政变，冯锡范和刘国轩联手，将其长子郑克𡒉杀死，却把年仅十二岁的次子郑克塽扶植起来，人心浮动。

一天。康熙帝正在内廷与几位翰林院学士说古论今，一个内侍匆匆趋前附耳禀报说，福建总督姚启圣折奏台湾发生内乱，主张趁此机会一举收复，并举荐施琅担此重任，因他对东南沿海情况熟悉，又与郑成功有杀父之仇。

康熙帝觉得这确是统一国家的大好时机，总督推荐的那个施琅他也知道，原是郑成功之父郑芝龙的部下，先帝时与郑一起投诚，曾任水师提督，后提升为靖海将军、内大臣。康熙帝想到这里，当即宣施琅进见。施琅不知何事，急急前来。康熙对他说："召卿前来，非为别的。台湾是我大清国土，一日不收回朕一日寝食难安。现台湾出现内乱，朕想乘此时将其收复，欲让你挂帅出征，不知意下如何？"

施琅曾两次奉命出征台湾，因为风浪所阻未成，这次听说又要他出征收归台湾，十分高兴，这是他多年的愿望。立即下拜说："微臣谨领圣谕，赴汤蹈火，

收复台湾的功臣施琅

施琅（1621—1696），字尊侯，号琢公，福建晋江人。早年，是郑芝龙的部将，顺治三年（1646）随郑芝龙降清。不久又加入郑成功的抗清队伍，后因微嫌与郑成功发生矛盾，终于酿成父、弟被郑成功诛杀之祸，施琅再次降清。降清之后，被授为同安副将，迁总兵。康熙元年（1662），施琅被任命为福建水师提督，1665年，封靖海将军。1683年率军收复台湾。

福建泉州开元寺藏有关"福建水师提督施琅"字样的石碑

施琅操练水师的指挥台

1681年，清政府在平定了三藩之乱后，大陆已完全统一，这时康熙皇帝重新任命施琅为福建水师提督加太子少保衔，以求收复台湾。施琅在福建省东山县操练水师，图为指挥台。

敢不效命。不过微臣乃一降将，难当统帅重任，恐辱圣望。可否请一宗室执掌帅印。"

康熙帝微微一笑，道："卿不必多虑。朕向来只注重才能，不计较汉臣满人。今让你复为福建水师提督，加太子少保衔，让姚启圣助你粮饷船只。朕在京专候你的捷报！"

澎湖海战大胜

施琅便让姚启圣守卫厦门，自己统率水师二万，战船三百过海，攻克花屿、猫屿、草屿等澎湖外围小岛，乘南风进泊八罩。前锋蓝理被弹片击中，腹破肠出，倒而复立，仍然指挥杀敌。施琅被流矢射中左眼，忍痛拔箭，继续督师进击。次日再战。刘国轩全军覆没，仓皇逃上台湾岛。施琅一举收复澎湖三十六岛。

郑经派驻澎湖的将领刘国轩兵败回台，郑克塽十分惊恐。澎湖一战，精锐尽丧，屏障顿失，如今如何应敌？

台湾当局的处境，施琅了如指掌。他便不失时机地遣使前往招抚，还表示断不会报私仇。说，"现今杀吾父者已死，与他人不相干。不特台湾人不杀，即

郑家肯降，吾亦不杀。"在清军的军事压力和政治攻势下，郑克塽选择了投降之路。在冯锡范、刘国轩的陪同下，郑克塽剃了清朝头发出城归降。他将代表台湾军事割据政权的"延平郡王"、"招讨大将军"印捧给了施琅。

闻统一康熙赋诗

施琅有军事才能，也有政治家气度，早年，郑成功杀他无辜的父亲、弟弟，逼他逃亡；在平台前夕，

师泉井

师泉井位于平海湾畔朝阳山麓，它背靠天后宫，面临湄洲岛。清康熙二十一年（1682），水师提督施琅奉旨平定台湾，率部三万多人进驻莆田平海卫。因饮水困难而祷告于妈祖，结果在当地妈祖庙前的一口废井中忽然清泉沸溢，可供数万军饮用不竭。施琅感神恩，作《师泉井记》刻石立碑。至今此井尚存，且井泉涌而不竭。

留在台湾的家属七十三人又为刘国轩逮捕诛杀，但他进抵台湾后，遵守诺言，以国事为重，未作任何报复，在台南还上郑成功庙宇行告祭之礼；并向皇帝奏报是刘国轩排除冯锡范等逃往菲律宾之议，促使台湾归顺。

康熙帝得到捷报，时正当中秋佳节，他马上放下手中的月饼，仰起头来，望着碧空一轮皓月，情不自

台湾鹿港妈祖神像
妈祖是我国东南沿海地区民众公认的保护神，又称"天后娘娘"或"天上圣母"。此幅妈祖神像为清代中国台湾鹿港地区所印制。

《玛瑺斫阵图》（清·郎世宁绘）
郎世宁所画《玛瑺斫阵图》描绘了呼尔满大捷中清军勇士玛瑺的英姿。画面描绘了主人公在冲锋陷阵时的英姿，人物面貌具有肖像的特征，马匹和武器装备刻画具体、真实，笔触挥洒自如，景色逼真生动，是十分成功的作品。

禁地吟咏了一首《中秋日闻海上捷音》之诗，表达人间统一的喜悦心情："万里扶桑早挂弓，水犀军指岛门空。来庭岂为修文德，柔远初非黩武功。牙帐受降秋色外。羽林奏捷月明中。海隅久念苍生困，耕凿从今九壤同。"他还派专使为施琅送去自己所穿的衣袍，并写了一首《赐施琅诗》，对他倍加称赞。

不久，在施琅的请求下，郑克塽等人获得授封，施琅本人被晋封为靖海侯。康熙帝又采纳了他的建议，设置了台湾府和诸罗、台湾、凤山三县，隶福建布政使管辖，并在澎湖设置了厅的行政机构。并且由蒋毓英出任台湾首任知府。他努力将台湾建制、组织与内地划一，如府县衙门和民居的门就从原来向西开改为中华传统的向南开。

> 历史文化百科 <

〔马褂〕
马褂原是入关前满族男子的骑射服，马褂分长袖、短袖、宽袖、对襟、大襟、琵琶襟诸式。入关之初，马褂为营兵着装，康熙时流行于八旗子弟、富贵之家，雍正后普及于士庶，遂成一般便服。

世界大事记　俄国宣布为帝国。与瑞典订立卢斯塔特和约。

康熙帝　靳辅　陈潢　勤奋
《清史列传·靳辅传》《清史列传·陈潢传》《清史稿·靳辅传》

人物　关键词　故事来源

○四二

靳辅治理黄河

靳辅走马上任时，就连续上了八道奏章，提出治河一盘棋。

靳辅治理黄河，取得相当大的成绩，他善于调查，亲临一线，尤其是善于使用陈潢，他们为治河所留下的丰富经验，也是日后中华水利和治黄的一份宝贵遗产。

发现陈潢

清初，黄河泛滥成灾频繁，从顺治进北京到康熙十六年（1677）的三十多年间，黄河决口竟多达七十二次；其中康熙初期的十六年间，为六十七次。其中黄河下游的河南和苏北更是重灾区。

康熙帝即位后，非常重视治理黄河，听政始，就在殿堂台柱上，写了务必解决的三件大事：三藩、漕运和治理黄河。他说：此三事，我是日夜廑念，从不忘怀。又说：黄河不治理，就要影响到漕运。因此当吴三桂等三藩叛乱结束，全国一统后，他就开始把精力用在治理黄河了。

康熙十六年（1677），靳辅出任河道总督。

靳辅在任安徽巡抚期间，就很注意对淮河的治理。他也很注意水利人才。有年，他路过邯郸，在参观出自黄粱梦典故的吕祖祠时，发现墙上题有一首无具名的诗，抒发了作者对治理黄河的情结，可又包含怀才不遇的愤懑，引起他莫大的兴味；于是就地四方查找，终于找到了作诗者、浙江杭州人陈潢。

陈潢对古今治水著作，颇有研究，对今日河道变迁、水性和泥沙又都熟悉，且对治理黄河有很多切实的认识。靳辅和陈潢长谈，一见如故，就引为幕友。在靳辅主持治理黄河始，陈潢都亲躬其事，有关各项重大的

《康熙帝南巡图卷·治河》（清·王翚等绘）
康熙帝曾六次南巡，看到黄河、淮河水患严重，就将治理河务作为治国的头等大事。

161

河道工程，无不有陈潢设计和监督施工。

亲临黄河

靳辅走马上任时，连续向康熙帝上了八道奏章，提出治河一盘棋，还必须与治理运河同时并举。他来到黄河南北两岸，视察了康熙元年（1662）河南黄河大决口遗迹，所到之处认真聆听绅士官民以至参加治河的工匠、杂役人等的意见。经过实地调查，强化了他制订的治河规划，主要的是：

《治河方略》
明末清初，社会动乱，黄、淮、运俱病，水灾严重。康熙十五年（1676），黄淮北涨，奔腾四溃，淹了淮、扬七州县。康熙帝毅然下了治理黄河的决心，于十六年（1677）调时任安徽巡抚的靳辅（1633—1692）为河道总督，拉开了清代大规模治理黄、淮、运的序幕。靳辅从十六年（1677）至二十六年（1687）间连续十年任河道总督，主持治理黄河、淮河、运河，总结经验写成《治河方略》一书。

《康熙帝南巡图卷·康熙帝临河》（清·王翚等绘）
康熙南巡还多次亲临河堤，视察治河工作。

疏下流，治上流，修堤岸，堵决口，筑坦坡，划经费，裁冗员，设河兵。

当时黄河出海口淤塞，河水倒灌，冲决堤岸，淹没农田、村镇。靳辅采用了堵塞决口，加固、加高堤岸，使河水按原路流向倾入大海；陈潢还在河道中筑减水坝，在决口处开凿引河分流，然后合拢决口。数年后，黄河下游决口被堵，黄河重走老路。康熙二十三年（1684），康熙帝南巡视察黄河时，见到当年被淹土地又都种上了庄稼，大为高兴。他问靳辅："你治河一定有能人相助吧？"靳辅引荐了陈潢。康熙帝当即授他做参赞河务按察使金事。

以后几年，靳辅、陈潢又在黄河中游筑堤，还在黄河以北开了一条"中河"，使运粮的漕船在险急的黄河里，由原来航行的一百八十里减为二十里，就可以进入北运河，这样提高了运输的安全概率，也减少了沉船事故。

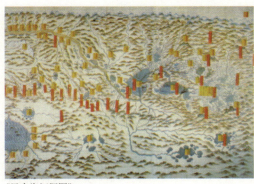

《星宿海河源图》

为了从根源上治理黄河水患，康熙四十三年（1704）康熙帝命拉锡、舒兰探黄河河源。他们到达青海腹地。在腹地上有昆仑山，巴颜喀拉山，布尔汉布山；山下有盆地，大片沼泽，是高山雪水形成的花海子，称为星宿海。另外还发现星宿海上源还有三条河流，但并未追至源头。拉锡、舒兰归京后绘有《河源图》，舒兰还写有《河源记》。

罢官复官

康熙二十七年（1688），靳辅因为提出在黄河入海口开大河、筑长堤和减水坝，加速河水流量，被于成龙等官员指责是耗费大，收效低，是劳民伤财。康熙帝也就此将他革职，并逮陈潢入狱，不久病死。翌年，康熙南巡，在"中河"亲睹河深堤固的治河成果，且黄淮地区民众皆称誉靳辅功绩，于是又恢复靳辅原职，但他不久也病死了。

> **历史文化百科**
>
> 〔清朝官员任用方式〕
> 清朝官员任用有多种方式：
> 署职：初任官试署两年（后改三年），如称职，再实授。
> 兼职：大学士例兼尚书，总督兼兵部尚书、右都御史。
> 护理：下级代理上级官，如布政使护理巡抚。
> 加衔：于本官外另加比原品高的官，如提督衔副将。
> 额外任用：皇帝特殊的恩赐。
> 革职留任：虽革职，仍主持原职务。

靳辅死后，继任者于成龙大致遵循他的既定治河方针。康熙帝问他："你当年曾弹劾靳辅，谓减水堤不宜开，现在可又怎样呢？"于成龙也坦诚地答："那时是我瞎说，现在可还得按他的办法做。" 〉盛巽昌

《连生贵子图》（清·冷枚绘）
冷枚（生卒年不详），字吉臣，号金门外史，山东胶州人。这是一幅寓意画，以桂树、妇人手中的莲花、芦笙以及膝下的幼儿，组成"连生贵子"的吉祥含义。

〇四三

张英跟随康熙帝几十年办事，很得器重，原因在于他处世谨慎，不骄不躁。

深得康熙帝器重

张英是康熙七年（1668）进士，被康熙帝选拔，出任翰林院编修，充日讲起居注官。升侍读学士。当时康熙帝在皇宫设南书房，命他值日。为使张英上下班方便，在紫禁城西安门内为他安排了住宅，就此有文臣赐第皇城的开始。

康熙帝非常信任张英。他虽是汉官，本着入关后诸帝、特别是康熙帝以满汉一家，不分畛域选拔人才，他被引为亲臣。康熙帝于乾清门听政后，常到懋勤殿，召集张英等读书人谈论学问。张英非常注重办事效率，大事小事都能做得相当细心、缜密，让皇帝放心。他每天天明五更，就振衣上朝，要到万家灯火时才归家休息，有时回家刚换去朝服，与家人共餐时，突然接

康熙"文华殿宝"及玺文

文华殿初建时是太子们的正殿，房顶上覆盖绿瓦。后来由于几位太子年纪尚小，不能处理政事，所以在嘉靖十五年正式改作皇帝便殿，换成黄瓦。文华殿是皇帝举行"经筵"、听讲经官讲学"进讲"的地方，在皇帝听讲的前一天，还要到文华殿东的传心殿向孔子的牌位祭告。同时皇帝还要撰写御论，阐发自己学习"四书五经"的心得。朝臣跪在御前，聆听皇帝御论。

六尺巷

一纸书来只为墙，让他三尺又何妨；万里长城今犹在，不见当年秦始皇。

到皇帝诏旨，立即将碗筷丢了，重穿朝服，进宫去了。因此深得康熙帝青睐，此后驾幸南苑或者外出巡察，都须张英跟随，以便随时咨询。当时，颁布的皇帝诏书也多出自他的手笔。

接到家书

康熙帝离不开张英。康熙二十八年，即张英五十二岁那年还命他出任工部尚书、兼翰林院掌院学士，仍管詹事府事，一身三重职。张英几次提出因身体不佳，恳求回乡以终天年，康熙帝总是挽留。康熙三十八年，擢升为文华殿大学士仍兼礼部事。因为他举事敬慎，秉性和易，多次受到康熙帝称许，张英也以此为处世之道。

这天，他接到来自安徽桐城的家书。

家书抵万金。打开家书，亦并非全是报平安事宜，洋洋数百字，围绕的乃是一个内容。原来张英家宅侧墙外有一块空地，隔着这块空地，乃是一户吴姓巨宅。现在吴家要修葺、扩充住屋，拆去边墙重建时，却将原墙墙基向前推进，由此大大影响到张家墙基；张家不甘，也将边墙拆了向前推进，双方要抢着多占空地，两家就此发生冲突，相持不下。吴家人不是好惹的，但张英家人仗着有相当于宰相的大学士做靠山，派人特快专递，送家书来北京，其意当然要张英出面，以大学士身份，勒令地方，逼使吴家让步。

乾隆《桐城县志略》
光绪《榆社县志》

博学　谨慎

张英

人物　关键词　故事来源

康熙"懋勤殿宝"及玺文
懋勤殿原是康熙的书房，后改为存放皇帝的碑帖和文具的地方。康熙制了这枚闲玺，爱护备至。

"让他三尺又何妨"

　　张英博学多才，见识亦广，史传说他民生利弊，四方水旱，知之极多。也许他此时正读了明嘉靖年间宛平县令李锦袭的故事。李锦袭在任宛平县令时，有天接到来自家乡山西榆社县的儿子李兰

《挑刺图》(清·苏六朋绘)
苏六朋(1798—?)，广东顺德人，人物画师法元人与清代画家黄慎。本画描绘了普通人的日常生活：男主人坐在凳上，伸出左脚，妇人则坐于地给脚挑刺，一小孩旁观。

玉信。儿子在信上说：老家居屋与邻居同墙相隔，现邻人争夺墙的地基。李家本乃榆社豪族，要他们退让，那当然不行，于是来信请父亲定夺。李锦袭于是回信，信上只写了一首诗："千里寄书只为墙，让他一步有何妨；含元殿上离离草，原辈风流诗味长。"儿子读到了诗，就将家墙所在地基主动让出。

　　张英也就参照此诗，写了一首诗回去。

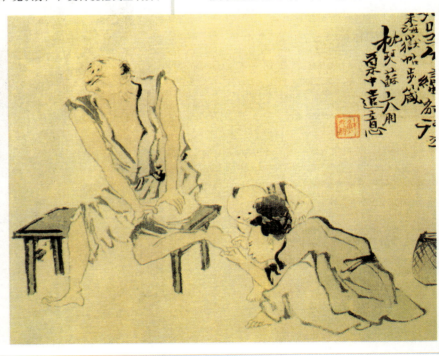

165

康熙年制红绿彩描金兽面纹镂空方熏

　　几天后，桐城家人收到了张英回信，拆开信皮，没有另纸，只是在原信后页空白处，批有一首诗："一纸书来只为墙，让他三尺又何妨；万里长城今犹在，不见当年秦始皇。"家人见了，遵照张英所说，就在已建墙基所在处，主动后撤三尺，吴家知道了此情此

《乞儿图》（清·高其佩绘）（右图）

高其佩（1672—1734），字韦之，号且园，又号南村，辽宁铁岭人。他年轻时学习传统绘画，中年以后开始用指头作画。所画花木、鸟兽、鱼、龙和人物，无不简括生动，意趣盎然。此幅《乞儿图》便是高其佩指画中的杰作。

▷历史文化百科◁

【南书房】

　　南书房本是康熙帝读书和讨论学问的场所，后来也常在此谈论、商定国家大事和机密，以致被说成是专门机构。盖康熙帝亲政后，为强化皇权，继续削弱议政王大臣会议权力，在南书房处建立了直接听命于皇帝的内廷顾问办事的班子。入选南书房的人，可与皇帝谈论学问、民情，商议军政机密，撰拟制诰。如平三藩、弹劾权臣明珠等重大事件，都首先由南书房制定方案。但南书房不是国家机构，所选官员仍依原来职衔，加上"南书房行走"等衔，且品级也不超过四品，但都属皇帝亲信和倚重之臣。为确保集权，后来又每天从翰林院、詹事府和国子监轮流抽调四人入值，以免常值人员滥用权力，产生营私舞弊现象。

多子的康熙帝

爱新觉罗玄烨共有 35 个儿子，排序的有 24 人，成年且受册封的只有 20 人；有 20 个女儿，其中只有 7 个女儿活到成年。

排序	姓名	封号	备注
皇长子	爱新觉罗胤禔	固山贝子	原名爱新觉罗保清
皇次子	爱新觉罗胤礽	皇太子，后封理密亲王	原名爱新觉罗保成
皇三子	爱新觉罗胤祉	诚隐郡王	
皇四子	爱新觉罗胤禛	雍正皇帝	
皇五子	爱新觉罗胤祺	恒温亲王	
皇六子	爱新觉罗胤祚		幼觞
皇七子	爱新觉罗胤祐	淳度亲王	
皇八子	爱新觉罗胤禩	原封廉亲王，后废	
皇九子	爱新觉罗胤禟		
皇十子	爱新觉罗胤䄉	辅国公	
皇十一子	爱新觉罗胤禌		幼殇
皇十二子	爱新觉罗胤裪	履懿亲王	
皇十三子	爱新觉罗胤祥	怡贤亲王	
皇十四子	爱新觉罗胤禵	恂勤郡王	
皇十五子	爱新觉罗胤禑	愉恪郡王	
皇十六子	爱新觉罗胤禄		出继承泽亲王硕塞之后
皇十七子	爱新觉罗胤礼	果毅亲王	
皇十八子	爱新觉罗胤祄		幼殇
皇十九子	爱新觉罗胤禝		幼殇
皇二十子	爱新觉罗胤祎	简靖贝勒	
皇二十一子	爱新觉罗胤禧	慎靖郡王	
皇二十二子	爱新觉罗胤祜	恭勤贝勒	
皇二十三子	爱新觉罗胤祈	诚贝勒	
皇二十四子	爱新觉罗胤祕	诚恪亲王	
爱新觉罗承祜			幼殇，未序齿
爱新觉罗承瑞			幼殇，未序齿
爱新觉罗承庆			幼殇，未序齿
爱新觉罗赛音察浑			幼殇，未序齿
爱新觉罗长华			幼殇，未序齿
爱新觉罗长生			幼殇，未序齿
爱新觉罗万黼			幼殇，未序齿
爱新觉罗胤禶			幼殇，未序齿
爱新觉罗胤禑			幼殇，未序齿
爱新觉罗胤禨			幼殇，未序齿
爱新觉罗胤禓			幼殇，未序齿

景，亦在贴近张家建墙基处自动后撤三尺。这样就相隔了六尺之遥。这就是后世所传的"六尺巷"。六尺巷遗址，在今桐城城西后街，巷内竖有两米见方巨石，上镌有"六尺巷"三字。 〉盛巽昌

○四四

江宁知府陈鹏年

陈鹏年办事认真，为人清直，有"江南第一清官"之称，很受康熙帝欣赏。当他受到诬陷时，康熙帝又为他解围。

陈鹏年来到江堤，脱下冠服，下堤带领民夫劳作，周边民众，包括很多吏员、读书人也都自动前来，带同搬运土石。

得罪两江总督

康熙四十四年（1705），康熙帝决定再次南巡。

两江总督阿山急得团团转，召集了省府县等地方官员，限时限刻要他们增加地丁税和夫役，以供皇帝巡幸。江宁知府陈鹏年不同意。阿山心里恼火，表面不发作，而故意给他出难题，叫他承办龙潭行宫事宜。康熙的侍从按惯例前来索贿，陈鹏年一概拒绝，他们就在皇帝面前打小报告，还在皇帝卧席处安放蚯蚓粪，进行莫须有的陷害。

这时，跟随康熙帝南巡的大阿哥胤禔就沉不住气，执意要诛杀陈鹏年，但康熙处事遭慎，不听一面之词。

《关公像图轴》（清·佚名）
它从一个侧面反映了清人对关公的狂热崇拜。

《赐福天官图》（清·丁观鹏绘）
此图反映了清人的文化思维和对幸福生活的追求。

公元1727年 公元1726年

世界大事记 俄罗斯设立科学院。

陈鹏年 阿山 康熙帝 噶礼 廉洁

《清史稿·圣祖纪》
《清史稿·陈鹏年传》
《清史稿·阿山传》

人物 关键词 故事来源

《岁朝欢庆图轴》（清·姚文瀚绘）
此图描绘了清代元旦民间欢庆的景象。

由家乡安徽桐城前来谒见，他又问道，江南有谁是清官。张英也推荐陈鹏年。康熙帝又问："陈鹏年官做得怎么样？"张英回答："吏畏威而不怨，民怀德而不玩，士式教而不欺，廉其末也。"康熙帝放下了心，他清楚了陈鹏年的为人。

阿山心不甘休，就借康熙要赴镇江检阅水师事，命陈鹏年主持江堤叠石，以缓冲急流。他故意在检阅的前一天通知，时间非常仓促。陈鹏年却无所畏惧，来到江堤，脱下冠服，亲自下堤带领民夫劳作，周边民众，包括很多吏员、读书人也都主动前来，帮同搬运土石。一个晚上，就把几十里江堤叠石完竣。

民众保清廉太守

阿山仍不罢休，上奏诬陷陈鹏年受盐、典各商年规，侵吞龙江关税银，先把陈鹏年摘去顶戴下狱。他还因陈鹏年曾在省城南市楼妓院旧址建乡约讲堂，每月朔日，宣讲皇帝圣谕，是"大不敬"，判定为"大辟"死刑。

陈鹏年被问罪，很快引起江宁市民呼号罢市，士民们举着旗幡包围总督衙门，责问被劾理由；另有秀

当时，他下榻在江宁织造府。江宁织造曹寅的小儿子在庭院玩耍，康熙帝随意发问："尔知有好官乎？"他答道："有，陈鹏年嘛！"正在此时，已退休的大学士张英

169

〉历史文化百科〈

〔官学化的清代书院〕

　　清代书院一改过去如白鹿洞书院、岳麓书院等隐在深山密林、幽静僻寂的格局，多于省县人丁热闹处建立。它的经费由政府供给赞助，山长与讲习由地方主官聘请，学生由道员与布政司考核录取。若有私创之书院，须向当地官府申报查核。以后各府、州、县都热心创办书院，包括绅士捐资倡立，都是经官办理，报官核准督办。

才大呼"保清廉太守"，表示愿意入狱与太守同生死。当时句容县正在进行江宁八县的秀才考试，八县生童听说陈鹏年下狱，于考场大吵大闹，说："读书应试，为了什么？"纷纷烧了考卷，退出考场。还有秀才绘了"九学（江宁府加八县）哭庙图"。

　　阿山奏章送到北京，康熙帝不置可否，与大学士李光地议论阿山为人。李光地不敢得罪满人，只委婉陈说阿山办事干练，唯独弹劾陈鹏年一事遭到舆论非议。因而康熙帝将阿山建议的判决，改为解除江宁知府，征调到武英殿修书。

康熙帝再保陈鹏年

　　康熙四十七年（1708）陈鹏年出任苏州知府。当时继任阿山的两江总督噶礼横行霸道，受到江苏巡抚张伯行抵制。陈鹏年站在张伯行一边，于是噶礼先拿他开刀，上奏皇帝，说

康熙年制青花万寿字大瓶

《合家欢》（清年画）
此图含有祝福新年吉祥、喜庆之意。

他种种不是，要将他罢官，发配黑龙江做苦工。康熙帝接到噶礼奏章后，仍然命陈鹏年到京修书。

　　噶礼不罢休，再次密奏说陈鹏年曾作游虎丘一诗有怨望。康熙帝心里明白，反而把这首诗当殿给大臣们传阅。他说："噶礼曾奏陈鹏年诗语悖谬，小人伎俩，大都如此，我岂能受这种人的欺骗呢？" 〉盛巽昌

《清史稿·彭鹏传·施世纶传》

彭鹏　施世纶　清官

德政　廉洁

人物　关键词　故事来源

清初诸帝重视吏治，刻意扶植有进取心的清官，以至"清官如云"。民间传诵红得发紫的清官中，就有彭鹏和施世纶，民间艺人还编了《彭公案》和《施公案》，把古今以来所有清官审案故事，几乎都放在他们名下了。

彭鹏和施世纶

清官的标准，一是开明而不迂腐；二是刚直而不固执；三是有创新立异，而不是墨守成规。

"治行为畿辅第一"

彭鹏是福建莆田人，康熙朝出任三河县县令，三河地濒北京东部，是清军入关时安顿八旗及其家属所圈地的主要地区，此处旗民混杂，来往官差不绝，甚至光天化日之下还有盗匪抢劫，被称为难治的盲肠地区。但彭鹏到任后，革除陋规，减轻驿道负担，严禁旗人凭特殊身份犯制，致使县治面貌有所改善。

彭鹏能文兼武。有时坐在县衙审案时，差役来报某地发现有盗匪正在抢掠，他即带刀乘马，亲赴捉拿，毫无犹疑畏惧，因而办事效率也颇高。一时间地方安宁，过去不少冤案多得平反，周边诸县发生案件不能判决的，也都请他前去审讯，真个是处理得井井有条，水落石出。由此被誉为"治行为畿辅第一"。

康熙帝赴北陵和东陵祭祀，必经过三河，他很清楚彭鹏是个好官、清官。康熙二十七年（1688），康

三太打虎（清末年画）

小说《彭公案》是以康熙年间名吏彭鹏为主人公的公案侠义小说，此幅《三太打虎》年画画的是《彭公案》中的一段故事：康熙帝出外打猎，忽遇猛虎，千钧一发之际，镖客黄三太拳打猛虎，救出康熙帝。康熙赐以黄马褂，黄三太由此得宠。

石青色纳纱彩云金龙纹皇后夏朝服

清代皇后朝服，有裘、棉、夹、罩、纱多种，分四季穿着。颜色也有四种：明黄色是等级最高的颜色，用于元旦、冬至、万寿及祀太庙等典礼，蓝色用于祀天，红色用于祭朝日，月白色用于祭夕月。夏朝袍以妆花绸、妆花缎、妆花纱织成料、刺绣绸、纱、缎等作面料，单夹随季节，以片金缘边。

熙帝奉太皇太后尊谥册宝出巡，在驻跸三河时，特召彭鹏面谕："你本是穷书生，做官颇有好声誉，现赐银三百两，作为日常需用。"

帮助约束军纪

比彭鹏稍后时有施世纶。

拿费德功（瓷盘画）

小说《施公案》是以康熙年间的清官施世纶为主人公的公案侠义小说。此瓷盘画"拿费德功"画的即是《施公案》中的一段故事：淮安费德功乃一巨盗淫贼，称霸一方，人称"追魂太岁"。他看中了镇上武举梁大刚之妹，便遣人说亲，梁不允，竟遭费德功灭门。事报施公，施公先派黄天霸暗中探访，随后定下妙计，终将费德功捉拿归案。

湖色地梅竹提花女单衣

清代丝织工艺不仅保留和发展了传统的品种和织造技术，而且有很多创新，形成了这一时期特有的风格。锦是多彩提花丝织物的泛称。一向以其织造技术复杂，花纹图案丰富，色彩艳丽著称。这件单衣为梅、竹图案，颜色丰富，配色巧妙，花纹复杂、织工精细的花纹，可说是织锦技术达到高峰的代表作。

施世纶是收复台湾的名将施琅之子。康熙十七年（1688），他在江南泰州知州任上，因淮安发生大水，奉命负责督修堤坝工程；而驿吏假公济私，乘机扣压赈银，以饱私囊，他查明真相，将为首几个人捉拿，严厉审讯、处决，当地百姓大为欢悦，称之为"清官"。

同年，湖北发生兵变，有军队奉命前去讨伐，将路过泰州地区。施世纶得悉此军军纪不好，沿途多发生抢掠事，他命州吏、差役人等全副武装，驻扎在军队必经的村集，凡有士兵离开队伍，私自前来骚扰

金黄色刺绣彩云金龙双喜贵妃吉服

此款服饰是清代皇妃在生活场合所穿礼服，级别比朝服及皇后服饰低一级。圆领，右衽大襟，左右开裾。石青马蹄袖，饰金团龙九条。正当中绣一座团龙，两侧绣侧行团龙，都象征皇权至上。有一条龙被盖在前搭襟里，这样一来从正面、背面看都为五条龙，象征皇帝的"九五"之尊。此款服饰的最大特点是纹样内有双喜纹装饰。

民间的，立即捉拿，毫不宽贷。带队军官前来交涉，他说：本州遵上司指令，负责督办过境将士的粮秣，只有不肖之徒，竟敢借冒大军名义，对此我是帮忙纠察军纪的。军官自知理亏，只得约束将士，穿过州境而去。百姓没有受到骚扰，依旧安居乐业。

一文亭

康熙三十二年（1693），施世纶调任江宁知府。三年后，施琅病死，按礼制所定，施世纶请求离任、回福建晋江家乡为父守孝，消息传遍了全城，民众闻讯聚集了万余人乞求留在任上服孝。两江总督范承勋，就以舆情爱戴为理由，请批准带职守孝，但未获同意。他在守孝时期，不幸母亲病死，于是连续守孝。

江宁百姓怀念施世纶的政绩，于是每人自发地捐献一文钱，集资在府衙前修建对称的两个亭子，并取名为"一文亭"，以为纪念。

施世纶也和彭鹏一样，每调任一地，就在此处任上忠于职守，清廉正直，因而都得到民众拥护。 ＞盛巽昌

皇后冬朝服（上图）

此款服饰是清代"皇后"在皇帝登基、大婚、万寿圣节、元旦、冬至、祭天地等重大典礼所穿的级别最高的礼服。款式由披领(扇肩)和上衣下裳相连的袍裙组成。绣五彩金龙九条，间以五色云，下幅寿山江牙，八宝平水。衣身明黄色。披领饰行龙二，两袖端饰正龙各一，袖相接处饰行龙各二。披领及接袖、综袖、袖端均石青色，片金（织金缎、织金绸）加貂皮边，在边的里侧钉三色金线的装饰。肩上下裳褂处（护肩外侧不与袖身缝死的一面）及袍襟右侧和底边亦加边。

公元1735年

中国大事记 雍正帝死，庙号世宗，弘历即帝位。以明年为乾隆元年。纂修《明史》完成。

○四六

词家纳兰性德

有佳词三百传世，被誉为"国初第一词人"，"北宋以来，一人而已"。

清代，文人辈出，其中满族亦多有大家诞生，颇有建树的就是纳兰性德。可惜三十一岁就病逝了，否则正如梁启超所说的，如果活得长些，也许清儒皆须让此君出一头地也。

明珠之子，徐乾学门生

纳兰性德是康熙朝权倾朝野的大学士明珠之子。他原名成德，字容若，后因避太子名讳（允礽小名保成），改名"性德"。

康熙十年（1671），十六岁的纳兰性德进入国子监，翌年中举，主考官有著名大学者徐乾学。发榜那天，他穿着青袍，随同年一起拜访徐乾学，因为穿着朴素、举止闲雅，丝毫没有贵家纨绔子弟派头，初见时，就给徐乾学留下良好的印象。

以后他出入徐家，徐乾学热情款待，收为学生；此后有三四年时间，每逢三、六、九日，骑马赴徐家聆听讲解经史，每次均是黎明启程，夕阳西斜方策马归家，非常准时，很少有耽误。

清初第一词人纳兰性德（左图）
纳兰性德（1655—1685），原名成德，字容若，号楞伽山人，满洲正黄旗人。大学士明珠之子。康熙进士，官一等侍卫。善骑射，好读书。词以小令见长，多感伤情调，被誉为"清初第一词人"。

纳兰性德家族墓地祭奠庙堂
纳兰氏祖坟位于明府花园北墙外。墓地分为南寿地、北寿地。南寿地有宝顶五座、坟两座，坐东朝西，分昭穆次序左右燕翅分列。北寿地在南寿地西北向二百米，坐北朝南，有宝顶四座。墓地祭奠庙堂为后人修建。

明珠家庙碑

明珠为康熙朝武英殿大学士。其墓地共占一百二十亩，规模宏大，神道深远，碑碣、牌坊、望柱林立，一派肃穆、森严的景象，被当地人称之为"小十三陵"。南北寿地的神道交汇处有一座碑亭。亭内有汉白玉碑一块。沿神道往西，有石人、石马各一对。

纳兰性德非常庆幸有这样一个好老师。当他被徐乾学接纳时，兴奋之情，溢于言表，逢人就说："我真高兴，有幸遇到一个好老师！"夜晚梦寐之间，时而也会说："我真个遇到好老师了！"

> **〉历史文化百科〈**
>
> 〔管理皇族的机构：宗人府〕
>
> 清沿明制，顺治九年（1652）设宗人府，置宗令一人，由亲王或郡王担任。宗人府有右、右宗正、左、右宗人，均由宗室中贝勒、贝子等爵位者担任。它开始还由爱新觉罗家族和其他满洲贵族任职，至乾隆二十九年（1764），仅囿于爱新觉罗家族。
>
> 宗人府名为国家机构，实为管理皇族家事，它的职能是，管理皇族的属籍，定期续修宗谱，登记宗室子女之嫡庶、名封、嗣袭、赏罚、生卒、婚嫁、谥葬诸事项。另外，宗室人等若有陈情，则代为向上转达。宗族中有才能者则负责进行举荐。如有罪过者，亦由它审理、判决，刑部等职能机构不得问过。

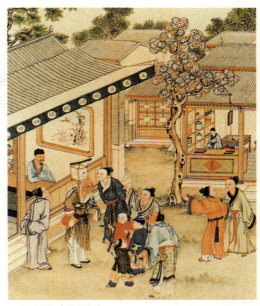

生意兴隆的清代绸布店

丝绸是中国古代劳动人民智慧的结晶，是中华古老文明的最重要标志之一，同时它也是几千年不衰的商品，为广大人们所喜爱，随着商品经济日趋成熟，买卖丝绸的店铺出现了。清代的绸布商店已经非常普遍，表明丝绸已经成为人们生活的必需品。

名师出高徒。纳兰性德年纪轻轻，就很好掌握了经史学问，特别是写得一手好词，被誉为"北宋以来，一人而已"（王国维），"国初第一词人"（况周颐）。青出于蓝而胜于蓝，其成就超过了徐乾学。

乾清门侍卫

康熙十五年，纳兰性德考中进士，授乾清门三等侍卫。乾清门是皇宫内殿大门，侍卫是最接近皇帝的亲臣，贵家子弟能被选拔充任，是被视为非常光彩的事，它也是做高官的重要台阶，满族许多权臣遏必隆、索额图、明珠就是始以侍卫为台基擢升的。显然

康熙帝知道纳兰性德有才学。但纳兰性德不是官迷，他既精通文翰，又善骑射，很想抒发自己的抱负，做一番事业，可现在却摆脱不了官务，有诗为证："我今落拓何所止？一事无成已如此。平生纵有英雄血，无由一溅荆江水。"

康熙帝却相当器重他，在跟随自己的九年里，将他由三等侍卫擢升至二等侍卫，再升至一等侍卫，每次外出巡察，还都带着他同行。行万里路，这也使纳兰性德大大开拓眼界，对此也留下不少佳作，如以写边塞抒发古今兴亡情结的《蝶恋花·出塞》。

《山水图》（清·王鉴绘）（上图）
此图画远山近岭，延绵起伏，山麓下树丛间，村舍房屋错落，溪水蜿蜒曲折，流过山林村庄。构图繁复严谨，设色艳丽秀润，明朗而洁净，独具特色。

纳兰的悼亡词

康熙十三年（1674），纳兰性德娶了卢氏女，伉俪情笃，恩恩爱爱。但婚后三年，妻子死于难产，致使他伤心不已，为纪念亡妻，写有悼词五十余首，占现存纳兰词的六分之一。其中一首是康熙十六年重阳前夕，梦见妻子，执手哽咽，醒后即作《蝶恋花》："辛苦最怜天上月，一昔如环，昔昔都成玦。若似月轮终皎洁，不辞冰雪为卿热。 无那尘缘容易绝，燕子依然，软踏帘钩说。唱罢秋坟愁未歇，春丛认取双栖蝶。" 〉盛巽昌

北京前门商业区
城市人口众多，造成了巨大的需求，交通便利给商品转换集散带来优势，所以古代城市既是政治中心，又容易成为工商业中心。北京前门商业区在明代就成为商业中心，清代沿袭下来，产生了一批独具特色的老字号店铺，如同仁堂、内联陞、瑞蚨祥、马聚源、张一元等，也是一条文化娱乐街，有广德楼戏园、庆乐园、大亨茶园等。这儿店铺林立，游人如织，车水马龙的氛围反映了商业活动的频繁。

盐商富户
食盐为人们日常生活之必需，盐税乃国家重要税源，历代封建王朝无不重视盐业的生产和营销。清朝初年，为充裕国税，政府鼓励豪绅富户经营盐业。许多工商业者在与官府合作过程中发财致富，尤其是经营富盐的人，能够在政府的支持下垄断市场，明清出现了许多盐商富户。以盐业为龙头的经济发展和盐商的崛起，从而导致了盐商文化的诞生。

聚焦：1644 年至 1840 年的中国

满族崛起的最为重要的因素在于精神力量。一支充满朝气，奋发向上的满族，托起了民族的脊梁，艰苦拼搏，百折不挠，以少胜多，以弱胜强，直至创建全国政权，精神力量是不可或缺的根本因素。

戴逸

清代中央集权之所以强化，一个原因是经过训练的皇帝具有丰富的统治经验。明代洪熙之后的皇帝，几乎是白痴，不谙政事，不理朝政，或者刚愎自用，以至亡国；清朝不然，多数皇帝都是经过特种训练的，而且有一套培养办法。

郑天挺

第三个黄金时代的最伟大的成就，在于满洲人的清政府为中国开辟了广袤的疆土。东西汉两个王朝和唐王朝都曾为中国增加了一百七十万平方公里的面积，但不久就失去。而清政府为中国增加的领土，超过从明王朝承袭下来的中国领土的四倍。

柏杨

清朝对祖国统一事业的贡献，不是脱离明朝的基础，而是在明朝的基础上进一步实现的，它使祖国的版图进一步确定和巩固起来。中国的版图，基本上就是那个时期的版图。清朝对这方面作出主要贡献的是康熙皇帝和乾隆皇帝。

吕振羽

鸦片战争以前清朝的政治，大体就是满族对汉族的斗争，清朝统治阶级对汉族人民的斗争，

文苑泰斗，学术名家，聚焦于 1644 年至 1840 年的中国。他们以宏观或者微观的独到眼光，对清前期的政治经济和社会文化的各个层面作了深入浅出、鞭辟入里的解析。这些凝聚了高度智慧的学术精华，历经岁月洗礼，常读常新，是我们走进中国历史文化殿堂的引路人。

满洲统治阶级对汉族统治阶级的斗争，满洲统治阶级内部的斗争，这样复杂的斗争，表现在历朝皇帝的政治策略上。因为皇帝是统治阶级唯一的首领，他们都很有才干，确能把握斗争而且从斗争中取得胜利。

范文澜

清之盛，唯康熙、雍正、乾隆三朝；嘉、道而下，国祚衰矣。满人既主中夏，为帝王者，自必习中国之文学。康熙诸帝，尤精力过人而事博涉。

柳诒徵

康熙皇帝，在清代诸帝之中，是一个最喜欢研究学问的人。凡儒家经典，程、朱著作，乃至历代史书，无不研习。尝召博学通儒到宫廷里，互相讲究。这在《东华录》里有很多的记载。

周谷城

清朝时候，皇帝信奉宋、明的程、朱理学，主张定名分。在雍正皇帝的嘴头上，就常常念着"不合天理"。所以雍正常杀人，非常严酷。

顾颉刚

历史上长期沉沦的两汉经学，在清代乾嘉年间勃然兴起，造就出一群学术界明星。它是一种特定的社会政治环境的产物，同时也反映了艺术思想变化自身的某种规律。

刘大年

图书在版编目（CIP）数据

落日余晖（上）/孟彭兴著 . —上海：上海锦绣文章出版社，2014.2
（话说中国：普及版）
ISBN 978 - 7 - 5452 - 1274 - 7

Ⅰ . ①落… Ⅱ . ①孟… Ⅲ . ①中国历史—清前期—通俗读物
Ⅳ . ① K 249.09

中国版本图书馆 CIP 数据核字（2013）第 062577 号

责任编辑	秦　静　李　欣　顾承甫	
特邀审订	盛巽昌	
特邀审读	王瑞祥	
特邀编辑	王建玲　侯　磊　刘言秋　李曦曦	
整体设计	袁银昌　李　静	
摄　　影	徐乐民	
图片整理	居致琪	
印前制作	北京世典华文文化传媒有限公司　邵海波	
印务监制	张　凯　黄亚儒	

书名
落日余晖（上）
　　——1644年至1840年的中国故事
著者
孟彭兴
出版
上海锦绣文章出版社 · 上海故事会文化传媒有限公司
发行
北京世典华文文化传媒有限公司
电话：010—62870771
传真：010—62874452
地址：北京市海淀区红山口甲 3 号 209 楼 14 号
邮编：100091
公司网址：http://www.sdhwmedia.com
电子邮箱：shidianhuawen@sina.com
印刷
北京爱丽精特彩印有限公司印刷、装订
版次
2014年2月第1版　2016年1月第2次印刷
规格
787 × 1092　1/16　印张 11.5
书号
ISBN 978 - 7 - 5452 - 1274 - 7/K · 449
定价
40.00元

告读者　如发现本书有质量问题请与印刷厂质量科联系 T:010—84311778